U0922878

思文永在

我的父亲
考古学家
梁 思 永

梁柏有◎编著

故宫出版社

梁思永（1904-1954）

序 言

梁思永是我的三哥，他在我们兄弟中间，属于言语不多但很有主见的一位。他年轻时曾在先父梁任公的引导和支持下，在美国哈佛大学系统地学习过考古学。1930 年回国后，他终生将自己所学的知识投入到中国的考古事业中去，成为“中国受过西方考古学训练的第一人”。1930 年，他在东北发掘昂昂溪遗址，并进入热河调查新石器时代遗址。从 1932 年到 1936 年，他多次主持安阳殷墟的田野考古发掘和分析研究工作。他利用地层学划分“三叠层”，成功地构筑中国文明发展史的基本架构，并挖掘出大量的陶器、青铜器和甲骨文片，对中国的考古学做出了重大贡献。为此，1948 年获中央研究院（后为中国科学院）院士称号。

同时，梁思永也是一位出色的组织者。田野发掘地域广阔，参加的人员众多，标准要求严格，是一个大的系统工程。每一次考古工程他都一丝不苟、井井有条地组织完成，才能取得这些成果。

田野考古工作经常在非常恶劣的环境中进行。梁思永以“拼命三郎”的精神多次参加田野考古工作，这对他的身体造成了极大的损伤。他身患肋膜炎，后又转为肺结核。因肺部手术切除几根肋骨，身体极为虚弱。1949 年，我回国后经常去看望他，当时他担任科学院考古所副所长。我见到他总是在病床上审阅研究大纲，组织相关人员落实考古方案，培养出大批考古人才。

梁思永就是中国考古接力赛中的“第一棒火炬手”，虽然他的一生仅仅度过了五十个春秋，但他燃烧了自己，照亮了整个中国的考古学界。

本书对梁思永的生平和家庭生活进行了详尽的描述，对关心和研究中国现代考古学，以及研究、了解梁思永对现代考古学的贡献的有关读者具有重要的参考价值。

梁思礼

2013 年 12 月

目 录

写在前面

小时候，我们生活在南京，我对父亲的记忆已然模糊，只感到他又高又瘦、满脸严肃、不苟言笑，不喜欢和小孩说话。平时白天家中不见其身影，晚饭时偶尔才能见他一面。其他的事已记不清了，毕竟当时我只有三四岁。

“七七事变”后，日寇入侵，我随父母逃难南下，途中只和母亲在一起，见不到父亲的面。等到了昆明龙头村时，我便把父亲与蓖麻油联系在一起。因为每逢我感冒发烧时，父亲必定会督促我喝下一勺令人作呕的蓖麻油。那段时间我经常感冒，所以一想到蓖麻油，就会想到父亲那严厉的面孔。

我到李庄上小学时，父亲开始生病，整日躺在床上。当时的我对父亲病情之严重，一无所知。虽在重病中，父亲对我仍是严加管教。放学回家后，我便要到他床前，听他讲《史记》、念英文。抗战胜利后，父亲到重庆动大手术（当时我已在重庆南开中学念初一），母亲并未告诉我实情，只说父亲到重庆医院看病。

当年国家遭难，民不聊生，环境艰苦。大师云集在四川李庄，学者们忙于研究、做学问，学生们忙于学习，在恶劣的条件下，许多人为国家做出了突出的贡献。今日思之，仍令人感喟不已。

1946 年，父亲回到北平养病。新中国成立后，父亲继续参加考古工作。我对父亲的考古工作知之甚少，当时我们住在东厂胡同一号院内一排南房中，旁边有几间好像是考古陈列室，室中摆放着许多古物，如青铜器、骨器、瓷器等，还有许多人头骨标本，看起来狰狞恐怖。当时我正在上中学，有人问我长大后是否会女承父业，一想到那些可怕的头骨，我便坚决地回答：“不”。但一想到那些令人赞叹不已、色彩鲜明的精美瓷器，我还是很佩服古代工匠高超精湛的技艺；我又对现代考古工作者能将许多陶瓷碎片黏合复原成一件件美丽的器物，感到不可思议。特别是有些碎片找不到时，父亲他们便在器物缺失的部位用白色黏土补上，使其完整如初，真是十分奇妙！

由于专业不同，我对考古知之甚少。多年后，当我被问及父亲的考古工作时，有着无言以对的尴尬。于是下决心要整理一下有关父亲考古工作的资料，以便对他的工作有进一步的了解。

父亲在世时，我们父女之间很少有机会沟通交流。这次通过对有关资料的整理，我加深了对父亲的认识，并为其“拼命三郎”的工作精神所感动。他虽患重病、卧床不起，但仍全身心地投入到自己热爱的考古事业中，真正做到了鞠躬尽瘁、死而后已，我为有这样一位父亲而骄傲。

为了纪念父亲梁思永诞辰 110 周年，我想利用这些有限的资料比较全面系统地介绍梁思永——这位考古工作者的生平及其身后家中发生的一些事。

错误不当之处，请批评指正。

梁柏有

2014 年 1 月

晚年梁思永

思永读

第一章
快乐童年　无忧无虑

你将来如何才能当得起
「中国第一位考古专门学者」
这个名誉总要你自己努力才好

父亲的家庭

我的父亲梁思永是广东新会人，1904 年 11 月 13 日（农历十月初七）出生于澳门。父亲梁启超，母亲李蕙仙，生母王桂荃。他自幼生长在一个父慈母爱、温暖和谐的大家庭中，兄弟姐妹共九人，男孩中他行三，上有长姐思顺（令娴）和二哥思成（大哥夭折），下有三个弟弟，即四弟思忠、五弟思达、八弟思礼和三个妹妹，即三妹思庄、五妹思懿、六妹思宁。

我所崇拜的祖父

我的祖父梁启超（1873–1929），号任公，又称"饮冰室主人"，在我的心目中是个了不起的人。他一生的言行和著作，使他在中国近代史上颇具影响力。从世人对他的评说来看，他是"戊戌变法"的领导者之一，他是革命家、政治家、启蒙思想家、教育家、史学家、文学家。

祖父梁启超

1895 年，他与康有为一起，联合在京举人上书请求变法，即著名的"公车上书"。1898 年，康梁变法最后以失败告终，祖父只身流亡日本。1920 年，他脱离政界，专心著述达 1400 万字以上，超过了所有古人，是清末民初中国文坛上最有影响的作家。

1925 年，祖父就任京师图书馆馆长。

1926 年，祖父任清华国学研究院导师，获得美国耶鲁大学名誉博士学位。

我的两位祖母

祖母李蕙仙（1868–1924）是贵州贵阳人，生于河北固安县永定河道署，是顺天府尹李朝仪唯一的女儿，她上面还有七位兄长，随父亲工作调动而居住在京城、山东等地。她幼承家学，能诗善文，琴棋书画无所不通，有才女之誉。

祖母李蕙仙

祖母王桂荃

1881 年，李蕙仙之父李朝仪去世，全家扶柩返回老家贵阳。

1889 年，祖父梁启超在广东乡试中举人，受到主考官李端棻（李朝仪之侄）的赏识。李端棻遂以兄代父做主，将堂妹李蕙仙许配给梁启超。

1891 年冬，祖父梁启超赴京与祖母李蕙仙完婚，定居北京。婚后，在祖母李蕙仙的帮助下，他学会了普通话，因而使他在今后的一生中到各处讲演授课，而无语言障碍。祖父在政治和学术上的成就，与我这位贤能的祖母是分不开的。

1893 年，大姑思顺出生于新会茶坑村。1898 年，“戊戌变法”失败后，祖母李蕙仙带着女儿思顺和公公梁宝瑛及其他亲属避难于澳门。直到 1899 年祖父才接他们母女和其娘家亲戚前往日本。

随祖母李蕙仙来到梁家的王桂荃（1886–1968），是我的父亲梁思永的生母。她是四川广元人，从小没了母亲，四岁时她的父亲又不幸猝死，继母虐待她，把她卖给人家做丫鬟，先后被转卖了四次。最后到了李家，才安定下来。她原无名字，祖父给她起名“王桂荃”，还教她认字。她聪明、善良、勤劳，到日本后，很快就学会了日语，以流利的“东京话”来应对日常生活的需要。

李蕙仙（左一）与思永（左二）、思顺（右二）、思成（右一）在日本，摄于 1910 年代

1903 年，在祖母李蕙仙的主持下，祖母王桂荃与祖父结了婚。1904 年，祖母王桂荃于澳门生下我的父亲梁思永。她辅助祖母李蕙仙照顾丈夫和孩子们。王桂荃在梁家是位举足轻重的人物，全家人的饮食起居（当时家中人口很多），尤其是祖父在生活方面的一切事务，全由她料理，一切都井井有条。孩子们称她为“娘”，孙辈则称她为“婆”。她对所有的孩子都呵护备至。在督促他们做作业时她一丝不苟，懂得循循善诱，使他们能听到心里去。同时，她自己也跟着学了起来，就这样，她学会了读书、看报、记账，甚至还会写简单的信。这样，管起家来就更加得心应手了。

在日本的日子

1905 年，祖父梁启超全家住在日本东京。由于仅靠办报纸的收入维持日常开支，生活相当艰苦，有时只能吃米饭就咸萝卜或清水煮白菜蘸酱油，居住条件也不好。

1906 年，祖父带领全家从东京迁往神户市须磨海滨，住入一幢名为“怡和山庄”的别墅（一位华侨借给祖父的）。这里依山傍海，山上苍松翠柏间点缀着樱花。每逢春天来临，花海青山，交相辉映，景色十分优美。在别墅还可以听到海上的波涛声和山间的松涛声，祖父便将别墅改名为“双涛园”。梁家“思”字辈的孩子和亲戚家的孩子们因此被称为“双涛园群童”。由于住在日本，他们从小便都

双涛园群童：思顺（后排最高者）、思永（思顺前）、思庄（中间椅子中最年幼者）、思成（右一）、思忠（右二座椅中），摄于 1908 年

穿着和服，足蹬木屐，还学会了讲日语。

1910 年，父亲梁思永和几个年龄较大的孩子到神户市华侨办的同文学校学习。同文学校在神户市内，从须磨到神户须乘一列小火车，孩子们每天带着饭团准时去赶火车。但有时难免也会耽误迟到片刻，火车站上的路警已认识这群孩子，便会一直等他们全都到齐后，才吹哨放行。

在学校中，他们既要学习中文各门课程，又要学习日文，每日早出晚归，学习十分紧张。祖母李蕙仙平日做事果断，对子女学习要求极严，孩子们都称呼她为“妈”，这位妈妈有时还要过问孩子择校等事，以减轻祖父的负担。但她有空时也会让孩子们放松一下，这是群童最盼望的时刻。如春天樱花盛开时，祖母李蕙仙就会带领他们爬上小山去观赏樱花，采集松蘑，在林间玩耍嬉戏，十分快乐。他们的带头人便是大姑梁思顺，那时她才十几岁，但群童都听她的，她便担负起了照顾弟妹们的责任。而被祖父称为“两个淘气精”的伯父梁思成、父亲梁思永，则成了他们的“游戏头领”。

王桂荃在饮冰室院中，摄于 1940 年代初

王桂荃孤单一人与心爱的白猫在饮冰室前，摄于 1940 年代初

祖母李蕙仙是缠足，爬山十分困难，尤其是下山更加不易，但她从不要孩子们扶，有时衣裙或绣鞋被树枝剐坏了，也不在意，继续前行。她这种倔强的性格也影响着孩子们。他们从小就不相信眼泪，尤其是男孩子，认为哭是软弱的表现。一旦遇到困难或危险时，男孩子们便大声喊叫，为自己壮胆助威。

总之，在日本的生活，紧张而又愉快。祖父梁启超每天都忙着宣传、写作，很少有时间和孩子们在一起，但只要有空便会和他们天南地北地聊着。尤其是晚饭后，大家围坐在一起，祖父边喝酒边讲些爱国英雄的故事。如南宋忠臣陆秀夫矢志不渝，保护幼主，对抗元兵，最后被元兵逼到广州，无路可走，便在我们的老家新会县沿海的悬崖上，先将妻子推下海，然后抱着幼主投海自尽。这些爱国英雄的精神，深深震撼着孩子们，同时也指引着他们如何去面对今后的人生。

祖母王桂荃与“母亲树”

1924 年，祖母李蕙仙去世后，全部家务重担都落在了祖母王桂荃的肩上。1929 年，祖父去世，祖母王桂荃更是独自一人担负起全家的责任。祖父没留下多少遗产，儿女们大多还在读书，最小的孩子思礼才 5 岁，只靠过去的一点积蓄和房租来度日和缴纳学费。她苦心孤诣地把这个家维持下来，继续把儿女培养成才。

1941 年，家里虽然困难，她还是想办法凑钱，将最小的儿子思礼送到美国去深造。年底，太平洋战争爆发，在国内的孩子们都离开了天津奔赴大后方。她送走了身边最后的一个孩子，独自一人留守天津。1945 年，抗战胜利后，孩子们才

王桂荃、梁思庄、李福曼在北京苏联展览馆附近，摄于1950年代初

王桂荃与孩子们游中山公园，摄于1950年代初

王桂荃与儿媳李福曼母女游长城，摄于1950年代初

王桂荃与孙女梁柏有（本书作者），摄于1950年代初

相继从南方回来。

1949年，新中国成立后，女儿思懿、小儿子思礼先后从美国回来。由于儿女们大都在北京工作，祖母决定将天津住了多年的老房子卖掉，于北京西单手帕胡同内买了一座小四合院，从此在北京定居下来。儿子思达、思礼一家都曾在这个院子中住过。每逢节假日，儿孙们便会不约而同地从城内外来手帕胡同看望她。大家欢聚一堂，共享天伦之乐。

1968年,祖母王桂荃病逝于北京,享年83岁。最令后辈愧疚的是,由于处在“文化大革命”期间，家人的人身自由受到限制，在这位儿孙满堂、为全家操劳一生的老人卧病期间，她所钟爱的孩子们全都无法陪伴在她身旁，甚至不能去见她最后一面，致使这位可敬的老人不得不孤独、凄惨地走完最后的人生旅程。让家人伤心的是，她老人家的遗体竟不知所踪。

在以后的岁月里，儿孙辈非常怀念她。为了寄托哀思，1993年，全家人开会决定在北京植物园内梁墓中种植一株“母亲树”（树种为坚韧不拔、四季常青的白皮松），并立纪念碑阐述其为梁家默默奉献一生的不平凡经历。历时一年有余，经过多方联系、请示，最后得到时任中央统战部王兆国部长批示，这项种树、立碑工程方得以顺利开工。1995年4月,全家人齐聚梁墓,为“母亲树”纪念碑揭幕,共同缅怀这位对梁家功不可没的、慈爱的老人。

祖父梁启超和舅公李端棻的交往

广东新会梁家与贵州贵阳李家有着极深的渊源，我的祖父梁启超和父亲梁思永都是李家的女婿。

舅公李端棻对祖父梁启超的政治活动影响颇深，下面的文字便是舅公在其政治生涯中与祖父交往情况的简介（摘自《贵阳李氏家谱》)。

舅公李端棻

李端棻（1833–1907）是李朝显之子、李蕙仙堂兄，他是伟大的改革家、政治家、教育家。一生忧国忧民，不计个人安危，为拯救中华民族于危亡之中，而投身“戊戌变法”，为新政做出了重大贡献。在他艰苦卓绝、奋斗一生的最后几年，他的思想已经升华到领先于他所处时代的高度，他曾做诗明志：

> 天地区分五大洲，一人岂得制全球？
> 国家公产非私有，政策群谋胜独谋。

他为官四十年，官居一品，回乡后却两袖清风。李端棻是贵阳李家的杰出代表，他曾在逝世前给梁启超的最后一封信中说:“昔人称有三岁而翁，有百岁而童，吾年虽逾七十,志气尚如少年,天未死我者,犹将从诸君子之后,有所尽于国家矣。”他为中华民族贡献了伟大的一生。

1889 年，李端棻以内阁学士出任广东主考官，慧眼识俊才，识拔梁启超，录取他为举人，并将堂妹李蕙仙许配为婚。端棻在京城为梁启超打开了社交界的大门，使他得以结交社会各界名流，为以后的变法活动打下了人脉基础。后来又向光绪皇帝鼎力推荐梁启超和康有为，促成了康梁维新变法，这是端棻一生中最大功绩之一。

端棻以进步思想教育蕙仙，使她一直理解和支持丈夫的事业。

1895 年，时值甲午战败，清廷与日本签订《马关条约》，条约规定：把台湾岛和辽东半岛割让给日本，还要赔款白银二亿两。李端棻将清政府签订丧权辱国的《马关条约》的这一机密透露给梁启超。以康有为和梁启超为首的举人们在得知条约内容后，群情激愤，上书给皇帝，极力反对签约，这就是有名的“公车上书”事件。清廷严禁知识分子干预政事，所以严厉镇压上书活动，因为会威胁到上书人的身家性命，人们通常是不敢参加上书活动的。在李端棻的倡导下，他的几百位弟子，还有李家的“端”字辈中的五位兄弟端棨、端槩、端荣、端桑（梁思永之岳父）、端榘，都以满腔的爱国热忱，不顾身家性命的危险，在《上皇帝书》上签了名。这都是端棻教导的结果。

1898 年 7 月 24 日，康有为提出开制度局的变法方案遭到守旧派的坚决抵制，变法全面受阻。此时，李端棻上了《变法维新条陈当务之急折》。这个奏折关系到变法全局，代表了维新派在变法中最重要的变法主张。奏折中拟以“懋勤殿”掌握国家立法大权。当时“懋勤殿”主要的 10 个顾问官全由端棻推荐给光绪皇帝，而且他所推荐的 10 个顾问官全部都是维新派人士，首席顾问官就是李端棻自己，由他率康有为、梁启超、谭嗣同等顾问官来制订变法方案，以切实推行新政。

1898 年 9 月 21 日，慈禧太后发动政变，维新变法失败，光绪皇帝被囚，谭嗣同等六君子未经审讯就被杀害，喋血菜市口。

李端棻为梁启超筹集旅费，资助他东渡日本，使梁启超避免了清廷的迫害。端棻自己却因推行维新和举荐康有为、梁启超等，被慈禧太后革职，以谋反罪流放新疆。当时他正在病中，以 65 岁高龄的病躯踏上了冰霜风沙、万里流放的漫漫长途。途中因病留在甘州（今张掖）。三年后，大赦回贵阳。1904 年，清政府特赦维新党人，恢复李端棻礼部尚书的官职。

1905 年，李端棻倡导本省收回铁路和矿产权利的活动，发起成立了贵州铁路矿务总公司，大家公推端棻为公司总理，继续为国家尊严和利益而斗争。

1906 年 10 月，李端棻成立了贵州教育总会筹备会，有力地推动了贵州教育事业的发展。

1907 年秋，李端棻最后一次巡视贵阳达德学堂。临终前一日，还谆谆嘱告子弟出资捐助学堂经费，并把自己一生的微薄积蓄全部捐了出来。

1907 年 11 月 17 日（阴历十月十二日），李端棻在贵阳逝世，享年 75 岁。葬于贵阳东北的乌当区永乐乡大关口水塘村的祖茔，离祖母刘太夫人和教导他成长的叔父李朝仪（李蕙仙之父）的坟茔很近。

梁启超为他撰写了《清光禄大夫礼部尚书李公墓志铭》，康有为为他撰写了祭文。康梁高度评价了李端棻为民请命、数十年如一日，把一切都贡献给中华民族的伟大一生。

思永读

第二章

乱世求学　专攻考古

你将来如何才能当得起「中国第一位考古专门学者」这个名誉，总要非常努力才好

父亲在清华

1912 年，祖父结束了 14 年的流亡生活，先行回国。1913 年，父亲随家人返回祖国，先到天津，不久去北平上学。

1910–1915 年，父亲先后在日本神户市同文学校（华侨所办）和北平西城崇德中学学习。

1916–1924 年（在清华学习八年，毕业相当于大学一年级），父亲在清华学校留美预备班学习。

当时，清华入学竞争十分激烈，原国民党战将孙立人 1914 年入清华，他所在的安徽只取五名，考生却有上千！入校后的淘汰率也相当高。清华考试频繁，

祖父梁启超正在奋笔疾书，摄于 20 世纪初

李蕙仙（右三）与思忠（左一）、思成（左二）、思庄（左三）、思达（右二）、思永（右一）在天津，摄于约 1918 年

无论四年中等科毕业晋升高等科，还是四年高等科毕业派遣留美，都须经严格考试而定，宁缺毋滥。学校管理也很严格，如禁止学生在校园走路时吃零食和在宿舍读小说，以今天的眼光看来简直匪夷所思。24甲子级同学1916年入校后，曾于1917年合影留念，共有85人，到1924年拍甲子级同学毕业照时，只有66人。如此“过五关，斩六将”杀出的毕业生，自然非同一般。不过，24级同学并不以此自傲。早期《清华周刊》刊有《清华各级级风》一文，其中写道：“甲子级有一种最显著的级风就是客气，和蔼可亲，谦逊有礼，很少有神气得不可一世的人。”

梁思达（右一）、李福曼（右二）、梁思成（右四）、梁思永（右五）、李济（右七）等人在蓟县独乐寺考察，摄于1932年4月

父亲在学校学习勤奋，成绩优异。1921年，父亲、伯父和陈训恕合作翻译威尔斯的《世界史纲》，由祖父加以润饰，于1923年分成4卷出版。

在清华期间，父亲还积极参加文娱活动。1918年，清华成立了管乐队，不久伯父梁思成任队长，父亲和四叔梁思忠也参加乐队演奏，并与伯父一起向张蕴真老师学习钢琴。

1924年夏季，父亲从清华留美预备班毕业。5月23日晚7时，24甲子级同学宴请全校教职员，举办毕业话别晚会。有热心者以《甲子级师生话别记略》为题，在1924年6月6日第317期《清华周刊》上撰文记述当晚盛况：“在清华礼堂，毕业生代表首先发言，感谢老师八年教育之恩。随后教务长张彭春、校长曹云祥、讲师梁启超等先后‘致训’。梁启超以老师兼家长（梁启超为梁思永之父）双重身份发言，时间最长。他认为清华学生‘食民之脂，饮民之膏’（指美国用庚子赔款的返还款筹办清华学校），故对社会应尽之责‘尤不可逭’。他谆谆告诫即将留美的24甲子级清华学子应注意三点：‘一曰，为社会服务计，为自身生存计，宜立志做第一流学问家，毋为半瓶醋；二曰，不可忘中国为世界最不幸国家之一，美国为世界最侥幸国家之一，美国所得之学问不能囫囵吞枣而施之于中国；三曰，美国国情既有异于中国，而于学问之应用，不可削趾适履矣，人格上之修养，更有同然者。故吾人应留心，毋为处歌舞升平之国之人格所化。吾人应努力，为苦心奋斗的人格之修养焉。'"

在历史长河中，百年不过一瞬。在新旧时代更替的历史舞台上，清华24级毕业生没有辜负时代的期望，演绎出精彩人生，给后人留下了一个个虽渐行渐远，却耐人寻味的背影。

祖父与清华

祖父与清华有着深厚的历史渊源。他的三个儿子思成、思永、思忠三兄弟，先后就读于清华学校。

梁启超与梁思永（右）、梁思达（左），摄于1920年代

1914年第一次世界大战爆发后，祖父离开纷扰的城市，来到了位于郊区的清华。在清华兼课和做“名人讲演”，清华大学的校训“自强不息，厚德载物”也是来自他于1914年11月的一次讲演中。有时他还会在这里休假暂住一段时间，著书立说。在这里，他写下了六万字的《欧洲战役史论》，向国人讲述列强争战的因果。

曾有多所院校请他任教，但他独属意于“水木清华”。原因在于：这里绿荫满院，花木扶疏，小桥流水，庭院错落，环境十分幽静。不失为著书、讲学之好去处。况且他还有三个孩子在此读书。他曾自言："我与清华学校因屡次讲演的关系,对于学生及学校感情日渐深挚。"又言:"吾爱悦兹校之诚,及至不能自名状。吾在城市与混浊之社会相接，往往悲忧愤悒，心灰意尽。吾一诣兹校，则常览一线光明横吾前，吾希望无涯涘也。"同时，他对国学前途也极为关注。1924 年清华决定筹建国学院时，他欣然应聘导师一职。

少年意气，热血爱国

在清华读书的日子，是父亲形成世界观及确立人生目标的重要阶段。

当时他们三兄弟都在学校住宿，每逢寒暑假，他们便一同回天津度假。在天津期间，一次他与弟弟思达在法租界光明电影院听见有人污辱中国，十分气愤，当即予以严词驳斥，双方还动起手来。他们想到这里是法租界，一旦查问起来一定是中国人吃亏，于是立即跑回家。家人见他满脸是血都大吃一惊。

1919 年"五四运动"时，父亲年方 15 岁，因参加学生联合会游行被捕，关在北大红楼。被放出来后，他为自己的英勇行为感到十分自豪，并把他被关时所吃的干馒头带回来给家人看，以示其爱国之心。

"思永六月四日因加入学生联合会被捕，拘于北京大学法科讲堂之装束"，摄于 1919 年 6 月

1923 年 5 月 7 日,伯父梁思成、父亲梁思永兄弟俩骑着大姑梁思顺赠送的摩托车参加北平学生举行的"国耻日"纪念活动。在南长街被大总统黎元洪的亲信陆军部次长金永炎的汽车撞倒在地。伯父左腿骨折，父亲嘴唇碰裂，血流满面。父亲立即跑回家求救，在家人的安排

下，兄弟俩住进协和医院治伤。祖母李蕙仙得知此事后，震惊之余不见肇事者前来道歉，十分气愤，便要去找其理论讨个公道。次日《晨报》登出此事，对金某大加声讨。金某见报后才得知被撞者是梁家公子，乃亲自去医院探访，表示道歉，并承担全部医药费，此事才算作罢。

祖父的期望

中国考古学发端于宋代金石学。19 世纪后期，西方田野考古方法开始进入中国。

1922 年 10 月 22 日，万国考古学会会长瑞典皇太子阿道夫・古斯塔夫来华，北大考古学会举行欢迎会。中外考古学者济济一堂，公布了考古发掘的新成果，宣读了考古学论文。受聘于中国农商部地质调查所的瑞典人安特生宣布了周口店猿人化石研究的最新进展。时任清华国学院导师、中国考古学会会长的祖父做了题为“中国考古学之过去及将来”的讲演。

讲演中，祖父清晰地勾画了中国考古学的蓝图：首先，加强田野考古发掘。圈定新疆、黄河流域以及古代坟墓、大城、名都、废墟等处为中国最有潜力的发掘地区。其次，注重方法的进步。包括继承传统金石学研究方法，引进西方考古学新理论，如地质学、古生物学、人类学等。最后，他希望在不久的将来，全国高等教育机构均设考古学科，以期开辟中国考古学的新纪元。这次讲演可以说是中国现代考古学奠基

梁启超寄给梁思永的照片，梁思宁（左）、梁思礼（中）、梁思懿（右），摄于约 1927 年

性的一次演说。

父亲之所以选择考古专业，主要是出于祖父的期望和安排。祖父凭着他独特的学术眼光和强烈的民族责任感，目睹世界范围内的考古学在迅猛发展，而中国虽有着五千年文明史，但在我国境内从事考古工作的都是些所谓的外国汉学家。如瑞典人安特生、法国传教士古生物学家德日进神父、日本人鸟居龙藏等，他们以各种名义来华，并将考古所得的实物与资料非法地带回自己国内。祖父对此种现象十分愤慨和不满，他很希望由我们自己国家的学者来做考古工作。1926 年的一次讲演中，他发自内心地说道："以中国地方这样大，历史这样久，蕴藏的古物这样丰富，努力往下做去，一定能于全世界的考古学上占有极高的位置。"于是，他决心让儿子学习这一冷僻专业，以图振兴中国的考古事业，"为中华民族在这一专业学问领域争以世界性声誉"。

1924 年，父亲从清华毕业后，考入美国哈佛大学，主攻考古学和人类学。在以后十数年间，从中国考古事业的发展上看，父亲并未辜负祖父的期望，对中国考古学做出了突出的贡献。

祖母李蕙仙去世

1915 年，原本健康无病的祖母李蕙仙由于多年来操持家务，为子侄操劳过度，免疫力降低，突然患上了乳腺癌。祖父对祖母的病时刻挂在心上，即使外出工作也一再写信向儿女问及。随后祖母又动了两次割除手术，但到 1924 年春天乳腺癌又再次严重复发。

适值伯父和父亲准备去美国留学，见到祖母病重，恋恋不舍地不想出国。祖母见儿子们不想离开，担心他们失去出国学习的机会，便嘱他们一定要走，并对他们说："我的病无大碍，是能够等待你们归来的。"

1924 年春天，祖母癌细胞扩散，无法再动手术。全家从天津搬到北平，又经多方医治，遗憾的是回天乏术，她于 9 月 13 日不幸与世长辞，享年 56 岁。

祖母李蕙仙去世，祖父悲痛万分，在《悼启》一文中祖父写道："呜呼，天佑不终，夺我良伴，何其速耶？！何其酷耶？！”

祭文最后写道：

有怀不极，急景相催。
寒柯辞叶，斜径封苔。
龙蛇素旌，蝴蝶纸灰。
残阳欲没，灵风动哀。
百年此别，送君夜台。

一年之后墓地修好，在祖母逝世周年忌日的后一天，家人把她安葬于北京香山卧佛寺东一座风景秀丽的小山上。

中国接受西方正规考古学训练之第一人

父亲在哈佛大学受到完全现代化的考古学训练。与中国传统学者注重文学考释不同，西方考古学着重于地质学、人类学、古生物学、社会学、化学、物理学方法的运用，并把对地下实物分析与人类社会史研究结合起来。由于学习悟性高，成绩优良，父亲曾获得“金钥匙”奖励。

1927 年，父亲曾去美国西部参加印第安人古代遗址的发掘。同年，他在获得学士学位后，转入哈佛研究院主攻东亚考古。他治学细致、深入，对古代文物和古代社会历史的关系也有宏观把握，为金石学家乃至一些现代考古学者所不及，这与梁家家学渊源也有极大的关系。

殷殷家书

1925 年，祖父介绍李济到清华国学院任特约讲师。

1925–1926 年，李济与清华地质学者袁复礼等人赴山西考古，在夏县西阴村挖得新石器时代的陶片 60 箱，建立了考古研究室。

1926年，当祖父得知父亲想回国实习并搜集一些野外资料时，非常支持他的想法，并积极设法给他在国内进行安排，1926年12月10日，祖父写信告之联系情况：

得十一月七日信，喜欢之极。李济之现在山西乡下（非陕西），正采掘的兴高采烈，我已立刻写信给他，告诉以你的志愿及条件，大约十日内可有回信。我想他们没有不愿意的，只要能派你实在职务，得有实习机会，盘费食住费等等都算不了什么大问题，家里景况，对于这点钱还担任得起也。你所问统计一类的资料，我有一部分可以回答你，一部分尚须问人。我现在忙极，要过十天半月后再回你，怕你悬望，先草草回此数行。

由于路途遥远，父亲还是未能参加西阴村发掘，但祖父随时向他通报国内考古发掘与研究情况。1927年1月10日，清华国学院开茶话会欢迎李济、袁复礼做报告，事后祖父给父亲的长信中介绍了李济的考古收获，并为其回国实习做了安排，长信如下：

思永读：

今天李济之回到清华，我给他商量你归国事宜，那封信也是昨天从山西打回头他才接着，怪不得许久没有回信。

他把那七十六箱成绩平平安安运到本校，陆续打开，陈列在我们新设的考古室了。今天晚上他和袁复礼（是他同伴，学地质学的）在研究院茶话会里头作长篇的报告演说，虽以我们门外汉听了，也深感兴味。他们演说里头还带着讲："他们两个人都是半路出家的考古学者（济之是学人类学的），真正专门研究考古学的人还在美国——梁先生之公子。"我听了替你高兴，又替你惶恐，你将来如何才能当得起"中国第一位考古专门学者"这个名誉，总要非常努力才好。

他们这回意外的成绩，真令我高兴。他们所发掘者是新石器时代的石层，地点是夏朝都城——安邑的附近一个村庄。发掘到的东西略分三大部分:（一）

陶器；（二）石器；（三）骨器。此外，他们最得意的是得着半个蚕茧，证明在石器时代已经会制丝。其中陶器花纹问题最复杂，这几年来（民国九年以后）瑞典人安迪生在甘肃、奉天发掘的这类花纹的陶器，力倡中国文化西来之说。自经这回的发掘，他们想翻这个案。

梁启超半身像，像上自题："五十五岁像，丁卯元旦选，寄思永，任公题"，摄于1927年

最高兴的是，这回所得的东西完全归我们所有（中华民国的东西暂陈设在清华），美国人不能搬出去，将来即以清华为研究的机关，只要把研究结果报告美国那学术团体便是，这是济之的外交手段高强，也是因为美国代表人卑士波（他初到时我还请他吃过一顿饭）到中国三年无从进行，最后非在这种条件之下和我们合作不可，所以只得依我们了。这回我们也很费点事（我虽有信给阎锡山，此外还有好几□的信），头一次去算是失败了，第二次居然得意外的成功。（听说美国国务总理还有电报来贺卑士波成功哩！）

他们所看定采掘的地方，开方八百亩，已经采掘的只有三分——一亩十分之三——竟自得了七十六箱，倘若全部掘完，只怕故宫各殿的全部都不够陈列了。以考古学家眼光看中国遍地皆黄金，可惜没有人会捡，真是不错。

关于你回国一年的事情，今天已经和济之仔细商量。他说可采掘的地方是多极了，但是时局不靖，几乎寸步难行，不敢保今年秋间能否一定有机会出去。即如山西这个地方，本来可继续采掘，但几个月后变迁如何，谁也不敢说。还有一层采掘如开矿一样（假使另觅一个新地方的话），也许失败，白费几个月工夫，毫无所得。你老远跑回来或者会令你失望。但是有一样，现在所掘得七十六箱东西整理研究便须莫大的工作（还有安迪生所掘得的有一部分放在地质调查所中也要整理）。你回来后看时局如何，若可以出去，他便约你结伴，若不能出去，你便在清华帮他整理研究（跟着李、袁两人同做工作一年很有益），两者任居其一也，断不致白费这一年光阴云云，你的意思如何？据我看是很好的，回来后若不能出去，除在清华做这种工作外，我还可以介绍你去请教几位金石家，把中国考古学的常识弄丰富一点。再往美两年，往欧一两年，一定益处更多。（城里头几个博物院你除看过武英殿外，故宫博物院、历史博物馆都是新近成立或发展的，回来实地研究所益亦多。）

关于美国团体出川资或薪水这一点，我和济之商量，不提为是。因为这回和他们订的条件是他们出钱我们出力，东西却是全归我们所有。所以这两次出去一切费用由他们担任，惟济之及袁复礼却是领学校薪俸，不是他们的雇佣。将来我们利用他这个机关的日子正长，犯不着贬低身份，受他薪水。别人且然，何况你是我的孩子呢？只要你决定回来，这点来往盘费家里还拿得出，我等你回信便立刻汇去。

至于回来后，若出去便用他的费用，若在清华便在家里吃饭，更不成问题了。

我们散会已经十一点钟，这封信第二页以下都是点洋蜡写的。我因为极高兴，写完了才睡觉，别的事都改日再说罢。

济之说要直接和你通信，已经把你的信封要去，想不日也到。

爹爹

民国十六年一月十日

思永讀

今天李濟之回到清華，我給他看你歸國事宜那封信，知是

昨天從山西打回頭，他說接著怪不的許久沒有回信。

他把那七十六箱成績平平安安運到本校，陸續打開，陳列在我們新設

的考古室了。今天晚上他和袁復禮（是他同伴學地質學的）在研究院茶話會裏頭作長篇的報

告演說，雖以我們門外漢聽了都感興味。他們演說裏頭還帶著講

「他們兩個人都是半路出家的考古學者（濟之是學人類學的），真正專門研究考古學的人還

在美國——梁先生之公子也」。我聽了替你高興又替你惶恐，你將來如何

才能當得起「中國第一位考古專門學者」這個名譽，總要非常努力才好。

他們這回意外的成績真令我高興。他們所發掘者是新石器時代的

石層，地點是夏朝都城——安邑的附近一個村莊，發掘所得的東西略分三大部

分：（一）陶器（二）石器（三）骨器。此外他們最得意的是得著半個蠶繭，證明在石器時

梁启超 1927 年 1 月 10 日写给梁思永的长信

我已经令罍並　其中陶器花纹问题最复杂　这几年来（民国九年以后）瑞典人安迪生在甘肃奉天发掘的这类花纹的陶器　力倡中国文化西来之说　自从这回的发掘他们想翻这个案

最高兴的是这回所得的东西完全归（中华民国的东西暂陈设在清华）我们所有　美国人不能搬出去　将来即以清华为研究的机关（只是把）研究的结果报告美国那学术团体　这是济之的能干手段高强　也是因为美国代表人（他初到时我们还请他吃一顿饭）毕士波到中国三年　今次进行最后交涉这种条件他们非和我们合作不可　所以只好依（我先前由讲代作阎锡山出面还未有几位的代）我们了　这回我们也很费事了　头一次可算是失败了　第二次居然得意外的（听说美国之弗利尔还有电报来贺毕士没成功呢）成功

他们所发掘的地方面方八百亩　已经发掘的只有三分（一亩十分）——一亩十分之三——竟自得了七十六箱　倘若全部发完　只怕故宫各殿的全部都不够陈列了　以考古学家眼光看中国遍地皆黄金　可惜没有人会拣　真是

不錯：

閱札，你回國一年的了情，今天已經和濟之子細商量，他說：可以採掘的地方是多極了，但是时局不讓我們寸步離開，不敢保今年秋間能有一次有機會出去。即如山西這个地方，本來可繼續採掘，但我个月後交通如何，誰也不敢說；假使另覓一个新地方的話，還有一層，採掘好比開礦一樣，如或失敗，白費我个月工夫，毫無所得。你若遠路回來，或者会令你失望。但是有一樣，現在所掘得七十六箱東西整理研究，還有安陽史前所採得的有一部分現在北平祠堂所中也要整理，便須甚大的工作。你回來後看时局如何，若可以出去，他便仍作總伴；若不能出去，你便在清華幫他整理研究，跟着李濟兩人同做工作，一个很有益。兩者任其一，也就不至白費這一年光陰。至於你的意思如何，據我看是很好的，回來後若不能出去，除在清華做這種工作外，我還可以介紹你去請教錢稻孫、金石家，把中國考古學的常識弄弄富一點，再往美國兩年，往歐一兩年，一門識去。說說个博物院，除清華、武英殿外，故宮博物院、歷史博物館都是新近在整理發展的，回來實地研究一下並無不妥，並無不妥，更妥。

關於美國團體出川資或薪水這一點我和濟濟商量不報告是因
為這回和他們訂的條件是他們出錢我們出力東西卻是全歸我們所有
所以這趟次出去一切費用由他們擔任惟濟濟及袁復禮卻是領學校
薪俸不是他們的雇傭將來我們利用他這個機關的日子正長犯不着（這機關錢極多濟濟說他的名字我不懂英文寫不出）
降低身分受他薪水別人且無論何況你是我的孩子呢只要你決定回來這
點來往盤費家裏還拿得出我等你回信便立刻匯去
至於回來後出去便用他的費用又在清華便在家吃飯更不成
問題了
我們數今已經十一點鐘這封信第二葉以下都是點洋蠟寫的我
因為極高興寫完了才睡覺別的事都改日再談罷
濟濟說要直接和你通信已經把你的住址要去抄存了

十六年一月十日　爹爹

老白鼻這幾天鬧牙痛，昨天帶他到協和拔了一個牙，明日還要拔第二個
好不令人心疼
使館經費我當着照料代替思順好教你放心一點

1927年4月,瑞典学者斯文赫定与国内学者合作,计划到新疆、西藏等地考察、考古,祖父认为这是千载难逢的机会,又写信给父亲,提到去新疆考察之事。

前两封信叫你不必回来,现在又要叫你回来了。因为瑞典学者斯温哈丁——他在中亚西亚、西藏等地过了三十多年冒险生涯,谅来你也闻他名罢——组织一个团体往新疆考古,有十几位欧洲学者和学生同去,到中国已三个多月了,初时中国人反对他,抵制他——十几个学术团体曾联合发表宣言,清华研究院、国立图书馆也列名,但我自始即不主张这种极端排外举动——直到最近才决定和他合作,彼此契约,今天或明天可以签字了。中国方面有十人去——五位算是学者,余五位是学生,其中自然科学方面只有清华所派的一位教授(袁复礼),他和李济同去山西,我们研究院担负他这回旅行的经费,不用北京学术团体的钱,去的人我是大大不满意的——我想为你的学问计,这是千载难逢的机会,若错过了,以后想自己跑新疆沙漠一趟,千难万难,因此要求把你加入去,自备资斧——因为犯不着和那些北京团体分这点钱,钱少得可以——今日正派人和哈丁接洽,明后日可以回信,大约十有九可望成功的,他们的计划时间一年半到两年,研究范围本来是考古学、地质学、气象学三门,后来因为反对他们拿古物出境,结果考古学变成附庸,由中国人办,他们立于补助地位——能否成功就只要看袁君和你的努力了,其他的人都怕够不上——我想你这回去,能够有大发现固属莫大之幸,即不然,跟着欧洲著名学者做一度冒险(注:此处文字作者无法读出,疑为“之类”)的旅行,学得许多科学的研究方法,也是于终身学问有大益的,所以我不肯把机会放过……总之,你接到这信时,便赶紧预备罢,我等二封信,最多三天后,跟着就要来的,你若能成行——无论提前放假或暑假时来——大约到家只能住一两天,便须立即赶路,我和他们打听清楚该预备什么东西,一切替你预备全,你回来除见见我和你娘娘及一二长辈,及上一上坟之外,恐怕一点不能耽搁了,我想你一定赞成我所替你决定的计划,而且狠(很)高兴吧。别的话下次再说。

四月二十一日 爹爹

此计划后因斯文赫定等人很快成行，父亲未能参加。新疆未去成，祖父又积极为父亲的学术事业开辟道路。早在李济、袁复礼发掘西阴村遗址时，梁启超就曾多次函告李济、思永，支持思永回国参加田野发掘工作，遗憾的是均未能成行。

1927 年夏，父亲在祖父的安排下回国，在国内工作近一年。他的职位是清华国学院导师梁启超的助教，又兼任古物陈列所审查员、故宫博物院审查员，他还参加了西阴村陶片的整理研究工作。

1928 年 10 月 14 日，中央研究院历史语言研究所成立，所址设在广州东山柏园。傅斯年任所长（辞去中山大学文学院院长之职），喊出了“要科学的考古学之正统在中国”的声音。

1929 年 6 月中旬，史语所决定全所分为历史、语言、考古三个组（通称一、二、三组），主持各组工作的分别是陈寅恪、赵元任、李济“三大主任”，后又增设四组人类学组，由留美的“海归”吴定良博士任主任，这一体制直到史语所迁往台湾都未变更。

1929 年底，仅开办四届的清华国学研究院宣告解体，史语所也顺利完成由本土学者向欧美派“海归”转型的嬗变过程。

1929 年，史语所考古组制定安阳与洛阳的田野调查计划。不久便进军安阳，对殷墟出土甲骨的调查，以及小屯的田野考古发掘，打开了殷王朝湮没三千年的历史之门，中国有文字可考的历史由此得以改写。

1930 年，父亲获硕士学位后再度回国，就这样，他成为中国受过现代考古学——田野考古专门训练的第一人。他在哈佛整理、分析、研究了李济等人写成的新旧石器时代考古概况，写成两篇很有价值的论著。

一是《东亚考古学上若干问题》，这是一篇高瞻远瞩、有创见的比较研究论文，它具体分析了亚洲旧石器时代遗址，然后就新石器时代划分地域群，加以深入研究，把中国的考古资料纳入亚洲范围进行对比分析，还涉及如何运用考古学的方法展开研究等问题。这不仅是中国考古学最早涉及此类问题的论文，而且也是世界考古比较研究的代表作之一。这篇论文于 1932 年发表于美国《人类学》杂志 34 卷第 9 期，并且立即被译成日文。

二是《山西西阴村史前遗址的新石器时代的陶器》一书，是以李济于 1926

年发掘于第四探方的一万多件陶片为基础，进行综合研究分析的成果。但他比李济分析的更为细致、深入，并将西阴村陶片与中国境内及日本、东南亚、中亚等远东的新石器时代遗物进行了比较（并将西阴村的考古收获首次以英文公布于世）。它的主要成就，是肯定西阴村和仰韶村是同时代的文化遗址；而运用类型学的方法展开研究，也是中国考古学著作中出现较早的。

祖父梁启超是儿女们最重要的思想导师，父亲专心学业与祖父的正确引导有关。1924–1930 年之间，父亲在学术上的成长不可忽视祖父的影响。在海外留学期间，父子间书信来往颇多，父亲比较关注国内局势，而且同情“国民革命”，但有时二人不免意见分歧。一次，父亲在信中问祖父“为何您的朋友都站在军阀孙传芳那边了”，祖父不得不在信中解释并告之“国民革命的实情：打倒万恶的军阀是国民革命的功劳，但鼓动工潮甚至工商停业，也不会有光明的前途”。这样的交流沟通，使父亲从此更加感受到国家前途与自己的学业两者是密不可分的。

父亲的笔记

1928 年 8 月，父亲带着未完成的研究报告，再度赴美，到哈佛研究院深造。从事考古学、人类学研究，参加阿尔弗雷德吉达领导的美国西南地区佩科遗址的发掘，得到现场实践经验，为他日后回国开展野外考古打下基础。

父亲在哈佛学习期间，曾读了世界著名人类学、考古学学者弗拉基米尔·乔基尔森的两篇享誉业界的考古调查报告。这两份报告分别为：《阿留申群岛考古调查报告》（1925 年华盛顿卡内基研究所出版）、《堪察加半岛考古调查报告》（1928 年华盛顿卡内基研究所出版）。父亲对以上两篇调查报告做了较详细的笔记。他的笔记内容翔实，思维缜密，字迹清晰，绘图精美，展现出父亲的治学功底。如今这两份学习笔记已成为现代学者研究梁思永考古事业的重要参考文件。

弗拉基米尔·乔基尔森

弗拉基米尔·乔基尔森是西伯利亚地区人类学与考古学考察的先驱。他是俄国人类学研究学科的奠基人，被誉为俄国人类考古学领域“三杰”之一和“西伯利亚人类学研究之父”。他因为早期参与社会主义革命曾在沙俄时期流放于西伯利亚地区，在流放期间，他对当地人文与环境进行了深入的研究并娴熟地掌握了当地语言，受邀参与著名的 Jesup 北太平洋地区的田野考古考察队，其间获取大量考古样本与物证，汇集了丰富的第一手调查资料，同时详尽细致地记录了其个人观测与经历。他针对 Koryak（克里亚克）和 Yukaghia（西伯利亚东部）区域所做的重点调研，收集了几千件相关手工制品，几十种铸造制品，近千项人种项目调查与测量数据，上万张照片，几百种故事与传说，以及各种动物标本等。他的调研涵盖了西伯利亚多个地区的人类信息，其调研成果令世界瞩目。

1909–1910 年，他又一次受邀率领俄国考古考察队，赴阿留申群岛和堪察加半岛展开为期两年半的考古调查，进一步开展两地的气候、人类、考古、语言等系列项目的考察与研究，收集了大量动物学、植物学、地理学的取样与标本，他还重点研究当地语言与对话，用最先进的录音方式采集、收集当地民俗故事与传说，在两处岛屿做了气象环境观测，也到当地村落里进行考古挖掘，研究当地掩埋遗骸的洞穴。他的调研全面、严谨、科学，这些努力令他获得了丰富的考察成果，也为考古学与人类学研究领域留下了弥足珍贵的资料。他的调查范围广阔深入，成为后代考古学界研究的重要依据，其后几代的考古学家，也常常基于他的丰富调查资源展开进一步的考古调研。

尽管乔基尔森当时已经享誉欧美，但终未能获得俄国科学院的接纳和研究资质认可。1922 年他移民美国，在美国自然历史博物馆工作期间与华盛顿卡内基研究会合作，出版了阿留申群岛与堪察加地区的两份考古调查报告，两份报告收录了他本人在阿留申和堪察加田野考察调研中所获得的第一手资料，据其亲身的观测与考察经历，特别是其熟知、掌握当地语言，解读大量有价值的人文考古信息，最终汇编整理为《阿留申群岛考古调查报告》和《堪察加半岛考古调查报告》，这在当时是处于国际领先水平的考古调查报告。

乔基尔森的学术报告堪称人类学与考古学的经典之作，他的《阿留申群岛考古调查报告》至今仍是研究该地区人文历史的基础。他创新考古调查方法，运用新的标准，调查基于其独创的信息含量丰富的人类学综合研究手段，调研的文化元素十分广博。乔基尔森的报告还针对不同地区进行深入比较，既有创意又十分严谨地运用比较学，深入科学地比较了多个地区在神学、宗教、生产实践、材料、物质文化、装饰、住宅、生存、交通等方面的相似与不同之处。比如，据此阐述了亚洲与美洲人种内在的关联等。此外，乔基尔森的报告还特别介绍了萨满教，在此之前学界对萨满教少有关注，也从未做过如此深入细致的观察。

除上述特点外，他的报告还特别富于传播性。相对于其他考察报告，乔基尔森的文字更有情感色彩，多处披露其亲身参与者之感情。据称，乔基尔森终生信奉所有的科学成果应属于全人类，而不仅为某一国家或某一民族所拥有。他的报告与论述引起了人类考古学界对其学术建树的高度关注与评价。

以下是于葵（梁再冰之女）翻译的两小段父亲的读书笔记：

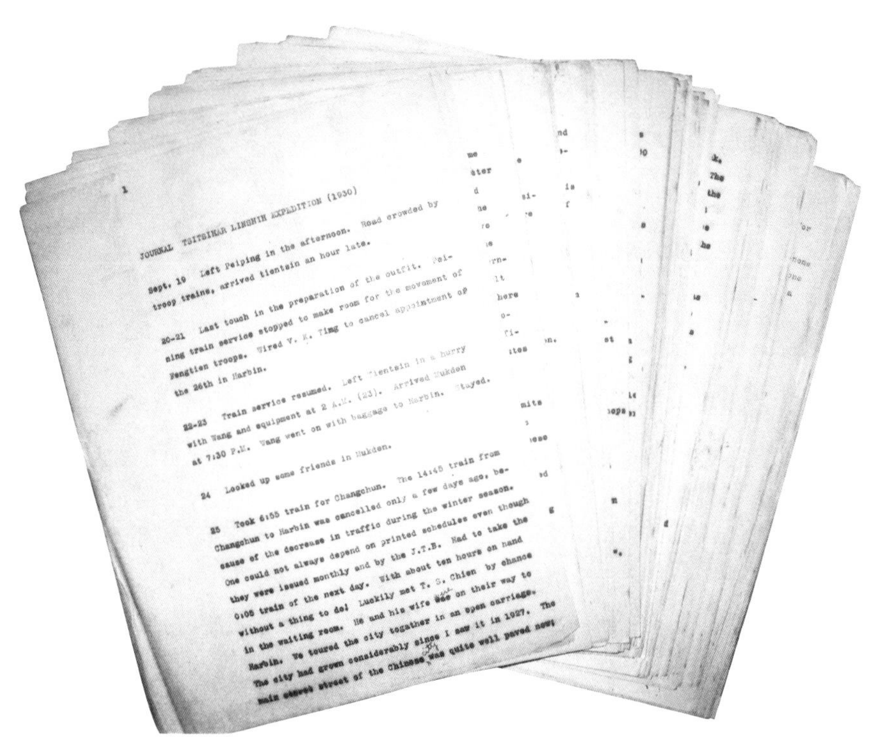

1

JOURNAL TSITSIHAR LINGHIH EXPEDITION (1930)

Sept. 19 Left Peiping in the afternoon. Road crowded by troop trains, arrived tientsin an hour late.

20-21 Last touch in the preparation of the outfit. Peining train service stopped to make room for the movement of Fengtien troops. Wired V. K. Ting to cancel appointment of the 26th in Harbin.

22-23 Train service resumed. Left Tientsin in a hurry with Wang and equipment at 2 A.M. (23). Arrived Mukden at 7:30 P.M. Wang went on with baggage to Harbin. Stayed.

24 Looked up some friends in Mukden.

25 Took 6:55 train for Changchun. The 14:45 train from Changchun to Harbin was cancelled only a few days ago, because of the decrease in traffic during the winter season. One could not always depend on printed schedules even though they were issued monthly and by the J.T.B. Had to take the 0:05 train of the next day. With about ten hours on hand without a thing to do! Luckily met T. S. Chien by chance in the waiting room. He and his wife was on their way to Harbin. We toured the city together in an open carriage. The city had grown considerably since I saw it in 1927. The main street of the Chinese was quite well paved now;

梁思永的考古学资料打印稿（英文）

梁思永对《阿留申群岛考古调查报告》的读书笔记

第 1 页（提纲）

弗拉基米尔·乔基尔森

《阿留申群岛考古调查报告》1925 年华盛顿卡内基研究所出版

……史前亚洲部落文化是一支融合亚洲与印第安及爱斯基摩多元素的复合文化。

** 亚洲元素：

亚洲地区（游牧民族）远古部落喂养驯鹿的生活与实践活动

西伯利亚人利用雪橇的方法

克里亚克与堪察加地区远古时代陶器制品

西伯利亚萨满教特有仪式

** 印第安元素：

民间传说（乌鸦的轮回）

堪察加及西北沿岸非皮筏的捕鱼方法

尤吉卡尔的象形文字

尤吉卡尔部落宗族结构系统

堪察加和尤吉卡尔有关龙的记录

武器盔甲

人体特征研究

** 爱斯基摩元素：

海洋捕猎

有关海洋捕猎的仪式

皮筏子（船）

皮毛缝制的衣服

雪地鞋

饲养狗

港口

土屋（洞穴居所）

爱斯基摩象形艺术类型与克里亚克的现实雕刻艺术

松散的社会组织结构

现代楚科奇人制陶活动

梁思永对《堪察加半岛考古调查报告》的读书笔记

第 1 页

弗拉基米尔·乔基尔森

《堪察加半岛考古调查报告》1928 年 10 月华盛顿卡内基研究所出版

堪察加半岛地质部分：

中新世：西部海岸下沉

上新世：东西海岸沉入水下

第四纪开始：西伯利亚陆地辽阔延展；楚科奇半岛与阿拉斯加在陆地上是相连接的，西伯利亚的东北部的气候比现在更温和。

更新世：直至冰川时代，广阔的堪察加地区，远古盆地上没有发现人类的遗迹。

堪察加半岛考古部分：

尚无任何旧石器时代的遗物发现，也许堪察加半岛在旧石器时代尚无人类居住。

第 2-19 页

第 1 页之后的笔记就西伯利亚地区在旧石器时代山脉（维科扬斯克山脉）、河流（叶尼塞河）、动物遗骨、克拉斯诺亚尔斯科山谷的地形地貌的变迁进行考察，以及对西伯利亚地区挖掘的动物遗骨与石头的地点与特征进行研究。

西伯利亚地区新石器时代人类居住与遗骨考察，以及新石器到铜器时期过渡时代的考察，有关人种、部落、陶器、石器及用具的考察研究。

此外，作者还记录了人种与地区之间的文化比较，生活习惯与用具的记录与对比等。作者还根据实地考察绘制了大量相关石器、工具图形并配有测量数据与图示说明。

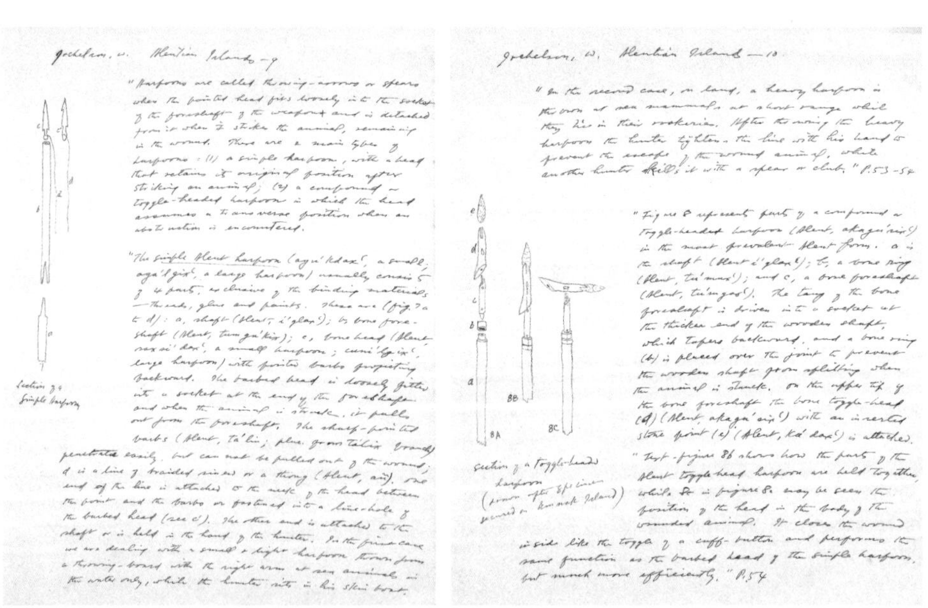

Jochelson, W. Aleutian Islands — 9

"Harpoons are called throwing-arrows or spears when the pointed head fits loosely into the socket of the foreshaft of the weapon and is detached from it when it strikes the animal, remaining in the wound. There are 2 main types of harpoons: (1) a simple harpoon, with a head that retains its original position after striking an animal; (2) a compound or toggle-headed harpoon in which the head assumes a transverse position when an obstruction is encountered.

"The simple Aleut harpoon (agu'kdax', a small; aga'lgix', a large harpoon) usually consists of 4 parts, exclusive of the binding materials — threads, glue and paints. These are (fig. 7a to d): a, shaft (Aleut, i'glax'); b, bone foreshaft (Aleut, tumga'kix); c, bone head (Aleut, saxsi'dax', a small harpoon; cuni'lgix', large harpoon) with pointed barbs projecting backward. The barbed head is loosely fitted into a socket at the end of the foreshaft and when the animal is struck, it pulls out from the foreshaft. The sharp-pointed barbs (Aleut, ta'lin; plur. ta'lix) penetrate easily, but can not be pulled out of the wound; d is a line of braided sinew or a thong (Aleut, ain). One end of the line is attached to the neck of the head between the point and the barbs or fastened into a line-hole of the barbed head (see c'). The other end is attached to the shaft or is held in the hand of the hunter. In the first case we are dealing with a small & light harpoon thrown from a throwing-board with the right arm at sea animals in the water only, while the hunter sits in his skin boat.

Section of a simple harpoon

Jochelson, W. Aleutian Island — 10

"In the second case, on land, a heavy harpoon is thrown at sea mammals at short range while they lie in their rookeries. After throwing the heavy harpoon the hunter tightens the line with his hand to prevent the escape of the wound animal, while another hunter kills it with a spear or club." P.53-54

"Figure 8 represents parts of a compound or toggle-headed harpoon (Aleut, akagu'six') in the most prevalent Aleut form. a is the shaft (Aleut i'glax'); b, a bone ring (Aleut, tu'max'); and c, a bone foreshaft (Aleut, tu'ngax'). The tang of the bone foreshaft is driven into a socket at the thicker end of the wooden shaft, which tapers backward, and a bone ring (b) is placed over the joint to prevent the wooden shaft from splitting when the animal is struck. On the upper tip of the bone foreshaft the bone toggle-head (d) (Aleut, akaga'six') with an inserted stone point (e) (Aleut, ka'dax') is attached.

"Text-figure 8b shows how the parts of the Aleut toggle-head harpoon are held together, while 8c in figure 8 may be seen the position of the head in the body of the wounded animal. It closes the wound inside like the toggle of a cuff-button and performs the same function as the barbed head of the simple harpoon, but much more efficiently." P.54

Section of a toggle-head harpoon (drawn after specimen secured on [illegible] Island)

梁思永《阿留申群岛考古调查报告》读书笔记（节选）

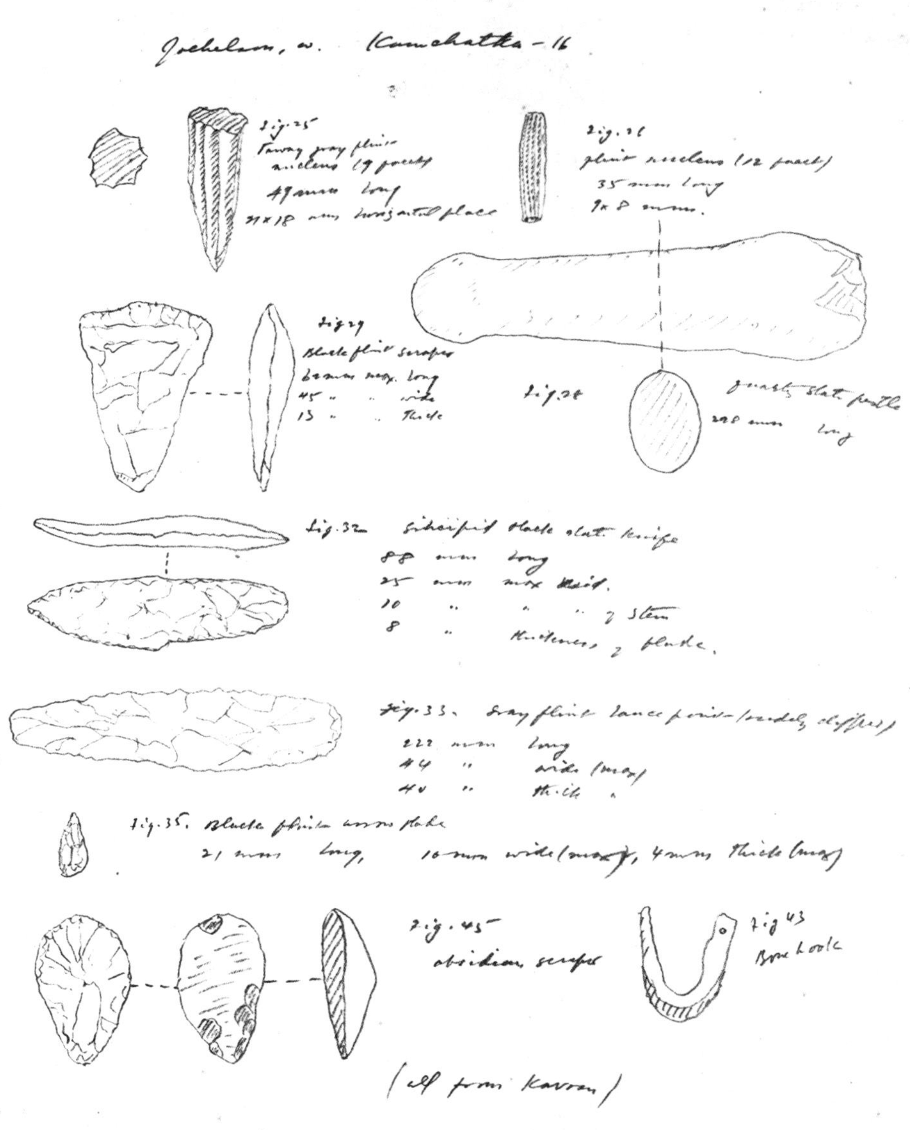

梁思永《阿留申群岛考古调查报告》读书笔记（节选）

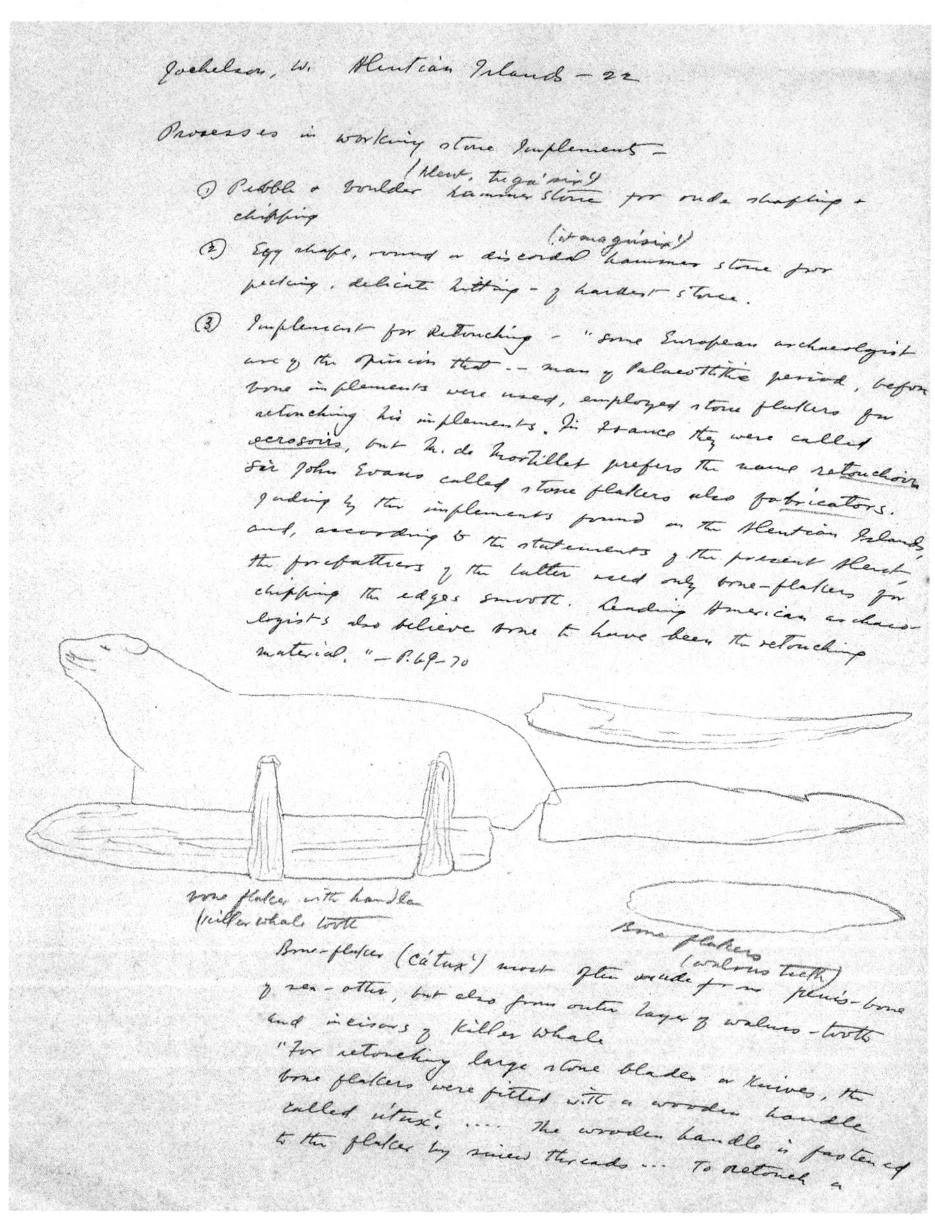

Jochelson, W. Aleutian Islands – 22

Processes in working stone Implements –

(Aleut, tegá'sin) ① Pebble & boulder hammer stone for rude shaping & chipping

(ítmagúsix) ② Egg shape, round or discoidal hammer stone for pecking, delicate hitting – of hardest stone.

③ Implement for Retouching – "Some European archaeologist are of the opinion that -- man of Palaeolithic period, before bone implements were used, employed stone flakers for retouching his implements. In France they were called ecrasoirs, but M. de Mortillet prefers the name retouchoirs. Sir John Evans called stone flakers also fabricators. Judging by the implements found on the Aleutian Islands, and, according to the statements of the present Aleuts, the forefathers of the latter used only bone-flakers for chipping the edges smooth. Leading American archaeologists also believe bone to have been the retouching material." – P. 69–70

Bone-flakers (cátux') most often made from pelvis-bone of sea-otter, but also from outer layer of walrus-tooth and incisors of killer whale

"For retouching large stone blades or knives, the bone flakers were fitted with a wooden handle called útux'. .... The wooden handle is fastened to the flaker by sinew threads ... To retouch a

梁思永《阿留申群岛考古调查报告》读书笔记（节选）

祖父去世

1926 年春，祖父因轻微肾炎，健康状况大不如前，协和医院泌尿科诊断其右肾有病，必须切除。有人劝祖父赴欧美就名医诊治，有人劝祖父不必割治，辞去一切职务专心调养，有人劝祖父服某中医之中药，众说纷纭，莫衷一是。而祖父微笑曰：“协和为东方设备最完全之医院，余即信任之，不必多疑。”结果病在左肾，手术却将功能健全的右肾切除掉，保留下来一个坏肾，致使祖父身体日益衰弱，生命仅靠那只有病的肾维持着。

天不遂人愿，祖父最终于 1929 年 1 月 19 日下午 2 时 15 分，在北京协和医院病逝，走完了 56 年的传奇人生，永远离开了他所钟爱的孩子们。痛失慈父的儿女们伤心不已，尤其是还在留美学习的父亲，学业刚有成，考古事业尚未开展，父亲却永远离他而去。这次变故促使父亲学习更加努力，回国数年后，便对中国考古事业做出了较大贡献，这足以告慰祖父的在天之灵了。

祖父去世前，自愿提供遗体供医学解剖，所有藏书、文物、手稿都捐给了北平图书馆。1929 年 2 月 17 日，根据祖父的遗愿，在西山（今北京植物园内），与祖母李蕙仙同穴双冢而葬。这座墓地后称为“梁墓”，现为北京市重点文物保护单位。

“东方设备最完全之医院”——协和医院，摄于 1920 年代（刘阳提供）

附：梁墓的故事

在京西香山脚下，有一处花木繁盛的植物园，园内东北角银杏松柏区中坐落着一处用矮石墙围绕起来的墓园，那便是祖父梁启超与祖母李蕙仙合葬的墓地。

1924 年，祖母李蕙仙不幸患乳腺癌去世，由于当时年龄较大的儿女都已出国留学，祖父便将找墓地及修墓之事托付给二叔公启勋办理。祖父于 1924 年 2 月 14 日，给二叔公启勋的信中谈及：“昨周养庵来信，在卧佛寺附近看得坟地五处，请弟与彼约一时日先去一看，认为可用者，或径下些定钱，将来我一自看乃购可耳。”同年 9 月祖母去世后，他即购买了东沟村山地营造坟茔，主要是看重了这块“风水宝地”。此外还有一个原因,祖父曾于 1923 年夏到翠微山养病,并写过“癸亥长夏，独居翠微山之秘魔岩，每晨尽开轩窗纳山气，在时鸟繁声中作书课一小时许，以为常”。祖父还曾探幽樱桃沟，在“鹿岩精舍”门楼旁的岩壁上写下“退谷梁启超补题”字样，可见祖父对此处山景之喜爱。

修墓与安葬

1925 年 8 月，祖父给海外的儿女们写信说：

> 坟园工程已择机定八月十六日动工了，一切托你二叔照管。昨天正把图样工料价格各清单寄来商量，若坟内用石门四扇（双圹、连我的生圹合计），则共需千二百余元（连围墙工料在内）；若不用石门，只用砖墙堵住洞口，则六百余元便够。我想四围周塞灰泥，底下用石灰，洞口用砖也够坚固了。四扇石门价增一倍，实属靡费，已经回信你二叔不用石门了。如此则连买地葬仪种种合计二千元尽够了，你们意思如何？若不以为然，可立即回信……我打算做一篇小小的墓志铭，自作自写，埋在圹中……坟园外部的工程，打算等思成回来布置才好……

9月3日给思顺书：

葬期已择定旧历八月十六，即周忌之次日。……墓志铭因赶不及，打算不用了。请曾刚甫年伯撰一墓碑，慢慢的造石精刻。据二叔来信，全部葬事连买地工程葬仪在内，约费二千五百元，在不丰俭间，你们亦可以算尽心了。

9月20日致思顺、思成、思永、思庄书：

距葬期仅十三日矣，我今日始能赴墓次巡视，开圹深至二丈，而土质干燥细软，觉虽生人居此亦甚适，真佳城也。初时本似旧历九月乃葬，经"日者"（日者列传见《史记》，即择日也，此日者乃同一老进士）选定谓八月十六日辰时为千年难得之良辰，故提前半月赶工，中间曾有四日夜，每日作工二十四，分四班轮做。吾亦深叹其周备。现在规模已具，所余冢顶上工作，如用西式墓表等事，及墓旁别墅之建筑等，则待汝兄弟归来时矣。

9月20日致思顺、思成、思永、思庄书：

八月十五日晨八时举行周年祭。十时由广惠寺发引，初本拟用汽车装运，后因种种不便，仍改用抬，最大原因是灵柩不准入城，自前清以来，非奉特旨不可，而西便门外无马路，汽车振动，恐于遗骸有损，用相当的仪仗，出西便门后改小杠。届时我及亲友只送到西便门便返，而乘车赴墓先候。惟思忠（小六愿陪之）一人扶柩步行送山上（中间若惫则间坐洋车）约费七点钟，决可到。是晚亦仅由思忠及小六守灵（警察八人彻夜轮班守卫），我率王姨等在香山住，葬后便无事。……此次葬事所费统计恐须超过三千元。虽稍费，足使汝心安，不致后悔。好在此款全由执政府夫马费项下支给有余。二叔今日笑谓无异国葬也。

梁墓西侧的皇家庙宇——卧佛寺，摄于 1920 年代

梁墓附近的清代旗营碉楼，摄于 1920 年代

9月29日致孩子们书：

> 我昨日用一日之力，做成一篇告墓祭文，把我一年多蕴积的哀痛，尽情发露。顺儿啊，我总觉得你妈妈这个怪病，是我们打那一回架打出来的。我实在哀痛至极，悔恨至极，我怕伤你们的心，始终不忍说，现在忍不住了，说出来也想把自己罪过减轻一点。我经过这几天剧烈的悲悼，以后便刻意将前事排出，决不更伤心，你们放心吧。祭文本来该焚烧的，我想读一遍，你妈妈已经听见，不如将稿交你保存（将来可装成手卷）。你和庄庄读完后，立刻抄一份寄成、永传观……葬礼一切都预备完成了。王姨今日晚车返天津，把达达们带来。十五日清晨行周忌祭礼，十点钟发引，忠忠一人扶柩，我们都在山上迎接。在山上住一夜，十六日八点钟安葬……圹内双冢，你妈妈居右，我居左。双冢中间隔以一墙，墙厚二尺余，即由所谓新灰炼石者制成。墙上通一窗，丁方尺许。今日下葬后，便用浮砖将窗堵塞。将来我也到了，便将窗的砖打开，只用红绸蒙在窗上。合葬办法原有几种……现今所用两冢同一圹，中隔以一墙，第二次葬时旧冢不劳惊动，这是再好不过。还有一件是你二叔自出意匠：他在双冢前另辟一小院子，上盖以石板，两旁用新灰炼石，墙前面则此次用砖堵塞，如此则今次封圹之后，泥土不能侵入左冢，将来第二次葬时将砖打开，葬后再用新灰炼石造一堵，便千年不启……工程坚美而价廉，亲友参观者无不赞叹。

墓园总布局由伯父梁思成负责规划设计。1928年8月，伯父自美留学回国，1929年1月，祖父猝然而逝，为祖父修筑墓园竟成为伯父漫长建筑生涯中的第一项工程。墓园中的八角石亭，是伯父设计修建的，由于经费原因，地面工程并未能全按计划进行。此外，原拟将从没落皇族手里买来的两通废碑磨后重新刻字，也因财力不足，弃置于园中。

墓园从1925年8月破土，直至1931年才得以全部完工。全部葬事及买地工程，包括葬仪在内共花费4500余元，除二叔公梁启勋付800元外，其余全部由执政府夫马费项支付。

梁启超李蕙仙合葬墓，摄于 2016 年 6 月

梁启超李蕙仙合葬墓碑正面碑文

祖父和祖母的合葬碑呈“凸”字形，高 2.8 米，宽 1.67 米，厚 0.7 米，阳面镌刻“先考任公府君暨先妣李太夫人墓”，碑阴刻“中华民国二十年十月，男梁思成、思永、思忠、思达、思礼，女思顺、思庄、思懿、思宁，媳林徽因、李福曼，孙女任孙敬立”。碑前有 75 厘米高的供台，两侧衬墙均以浅黄色花岗岩制成。前后连接，浑然一体。

家人墓葬

梁思忠墓。梁思忠（1907–1932），梁启超之四子，生于日本，1913 年随父母回国，后毕业于美国弗吉尼亚陆军学院和西点军校，回国后任国民党十九路军炮兵校官。

1932 年患腹膜炎，因贻误治疗而逝世，年仅 26 岁。墓碑高 1.25 米，宽 0.65 米，厚 0.2 米，碑阳镌刻“光绪三十三年六月二十八日卯时生，民国二十一年十月十三日酉时卒，享年二十有六”。碑阴镌刻“亡弟炮兵上校思忠之墓。同怀兄：思成、思永立”。

梁思忠之墓，摄于 2016 年 6 月

梁思庄之墓，摄于 2016 年 6 月

梁思庄墓。梁思庄（1908–1986），梁启超之三女，生于日本，1913 年随父母回国，1925 年赴加拿大读书，1930 年获加拿大蒙特利尔麦基尔大学文学学士学位。1931 年获美国纽约哥伦比亚大学图书馆学士学位，同年回国。先后在北平图书馆、燕京大学图书馆、广州中山图书馆从事西文编目工作，1952 年任北京大学图书馆副馆长。1980 年当选中国图书馆学会副理事长。1986 年 5 月 20 日因患脑栓塞久治不愈在京去世，终年 78 岁。墓碑呈长方形，长 0.73 米，宽 0.41 米，厚 0.1 米，碑座雕有八部巨书，独特而新颖。碑阴刻有“梁思庄之墓”，碑阳刻“女吴荔明，婿杨友麒，外孙杨念群立”。

梁启雄、赵聘贤夫妇墓。梁启超七弟梁启雄（1900–1965），著名古典文学家，为庶母叶太夫人所生，夫人赵聘贤（1900–1990）。墓碑呈坡面长方形，长 0.42 米，宽 0.35 米，高 0.2 米、0.17 米。碑上镌刻着“父梁启雄，母赵聘贤之墓”，落款为：“梁思乾，梁思翠，梁思美，梁思莹敬立”。

梁思乾墓。梁思乾（1925–1988），梁启雄之子。墓碑呈长方坡面形，长 0.38

米，宽 0.37 米，高 0.17 米。碑面镌刻“梁思乾之墓”，落款为“守信，守方，守真，守素敬立”。

梁启超之弟及儿女之墓皆在大墓高台阶下，面向大墓，以示亲人们都围绕在父母、兄长身边。

捐献墓地

1978 年 2 月，以三姑梁思庄为首的梁氏家族，为了支援国家建设，加强墓园管理，愿将坐落在北京植物园内的梁启超墓地无偿交给国家，由北京植物园代管。该墓地面积 27 亩（包括围墙内外全部土地），各种树木（松、柏、洋槐等）共 965 棵，水井一眼，石亭一座，未立起的碑石及碑座二套，围墙 380 米。

1978 年 2 月 24 日，梁家与北京植物园签订了“梁启超墓地交公协议”。双方签字盖章。北京植物园接管后，将倒地的石碑立起，即园中路东一通无字碑，路西一通刻有“谥文襄觉罗华显碑文”字样的汉白玉螭首趺碑。

“母亲树”之由来

1993 年 11 月，梁氏家族两代一行十余人受广东新会市政府邀请参加梁启超诞辰 120 周年纪念大会。借着这个难得的机会，大家欢聚一堂，11 月 24 日晚，五叔梁思达、八叔梁思礼主持召开了一次家庭会议，会上儿孙辈共同缅怀了为梁家操劳一生的婆王桂荃。婆王桂荃没有留下任何遗物，为了纪念这位慈爱可敬的老人，大家决定在梁墓墓园中高台阶上，祖父、祖母合葬墓之东北角上种植一株象征其坚强性格的常青树，命名为“母亲树”，以示后辈对她永远的怀念。植树位置是遵照王夫人生前之意愿，树种则选择树形美观、枝叶茂盛、四季常青的白皮松，树前立纪念碑一座，以阐述其对梁家功不可没的一生。会上还决定这项植树立碑工程由五叔、八叔两位长辈总负责，推选我同吴荔明（梁思庄之女）和梁忆冰（梁思达之女）三人（后称“三人小组”）操办具体事宜，同时聘梁再冰（梁思成之女）为小组顾问。

1994 年 3 月，我们向北京市植物园提出申请，但经多方联系未果。由于阻力重重，最后由身为中科院及工程院两院院士、火箭专家的八叔梁思礼出面斡旋，终于得到中央统战部王兆国部长的批准，植树立碑工程方得以实施。具体地，植树由北京市植物园负责，纪念碑之设计则请清华建筑学院的王丽芳博士负责。三人小组陪王博士现场勘测，不久她就交出五个设计方案，经大家商量后，思达、思礼拍板决定选用斜面碑，石料决定用大理石厂的“桃花”作石碑版面，供台及背面写字部分为“红玉”磨光，碑身为“红玉”毛面。至于撰写碑文，大家公推曾从事新闻工作的梁再冰执笔，经讨论修改后定稿（碑文见后），碑文字体采用电子版隶书。终于，工程于 1995 年 3 月圆满完成了。工程费用由各家集资，工程耗时长达 15 个月。回首这些难忘的日子，我们三人小组付出了极大的努力，终于完成了家族赋予的使命。

1995 年 4 月 23 日，梁氏各家在京成员及远在山东济南的梁思宁、章柯夫妇也赶来北京，家族共 40 余人齐聚梁墓，为“母亲树”纪念碑揭幕，共同缅怀这位令后人敬重的长辈。

到了 2009 年，经历了 14 载风雨侵蚀的纪念碑上斜面碑文及背面立碑人名字已有些模糊不清。三人小组及顾问决定，重新更换斜面石板，修改个别字句，刻字后贴以金箔，背面名字重新加以深刻。

“母亲树”，摄于 2016 年 6 月

“母亲树”纪念碑碑文

梁再冰撰文

为纪念先人梁启超的第二夫人王桂荃女士，梁氏后人今在此植白皮松一株。

王桂荃，四川广元人（1886-1968），戊戌变法失败后梁启超氏流亡日本时期与梁氏结为夫妻。王夫人豁达开朗，心地善良，聪慧勤奋，品德高尚。在民族忧患和家庭颠沛之际，协助李夫人主持家务，与梁氏共度危难。在家庭中，她毕生不辞辛劳，体恤他人，牺牲自我，默默奉献，挚爱儿女且教子有方，无论梁氏生前身后，均为抚育子女成长付出心血，其贡献于梁氏善教好学之家良多。梁氏子女九人（思顺、思成、思永、思忠、思庄、思达、思懿、思宁、思礼）深受其惠，影响深远，及于孙辈。缅怀音容，愿夫人精神风貌常留此园，与树同在，待到枝繁叶茂之日，后人见树，如见其人。立碑人为：

思达 思宁 思礼

李福曼 章柯 俞雪臻 麦秀琼 林洙

周念慈 周同轼 周有斐 梁再冰 梁从诫 梁柏有 吴荔明 梁忆冰 梁任又 梁任堪 张郁文 张安文 章俊锋 章安秋 章安健 章惠 章安宁 梁红 梁旋

一九九五年四月立

梁氏家族全家人齐聚“母亲树”前合影，摄于1995年4月

今日的梁墓

从 1931 年墓园建成算起，梁墓历经八十余年的沧桑，如今已成为北京市重点文物保护单位和海淀区文物保护单位。在北京植物园的管理下，墓园地面整洁，树木花草生长良好，不断有游人来此凭吊，少先队员们也会来到这里过队日，“母亲树”上挂着无数条鲜艳的红领巾，也许祖父的《少年中国说》能激发起当代青少年的爱国热情，指引着他们在今后的人生道路上坚定地走下去。

梁启超墓八角石亭，摄于 2016 年 6 月

思永读

第三章

广阔田野　大有作为

你将来如何才能当得起「中国第一位考古专门学者」这个名誉须要非常努力才好

中国考古学的发展

中年梁思永

1898 年，河南安阳小屯村首次发现有字甲骨。

1900 年，敦煌发现莫高窟藏经洞。

这两次惊人发现，成为中国现代考古学诞生的先兆。此后，裴文中在周口店，李济、袁复礼在仰韶，董作宾在殷墟……开始了中国人独立进行科学考古发掘的历程。

傅斯年先生对田野考古的想法是：我们不是读书人，我们只是“上穷碧落下黄泉，动手动脚找东西”。他又说道：“果然我们动手动脚得有结果，因而更改了‘读书就是学问’的风气，虽然比不上自然科学上的贡献较有益于民生国计。也或者可以免于妄自生事之讥讽罢了。”傅斯年希望从考古学来重建中国的“古代科学”。他把考古组的方向始终锁定在田野考古上。从当年的照片看，史语所的工作人员都爱穿短衫、马靴，着装上就呈现出一种适应田野作业的新变化。

当我了解到父亲参加田野考古发掘工作的情况后，感慨万分。他不顾个人安危，跋涉千里，在天寒地冻的情况下，全身心地投入到黑龙江昂昂溪史前考古发掘的工作中；他对龙山文化的研究亦没有步专家们的后尘，而是提出了自己的新思路。这种创新精神，值得我们后人认真学习，并付诸实践。他从 1930 年参加工作进行田野考古发掘直至“七七事变”，前后仅有七年，却对考古事业做出了突出贡献。

1930 年，在李济先生的推荐下，父亲正式加入历史语言研究所。从此他与傅斯年、李济、董作宾等专家学者，开始了近二十载为中国考古事业共同奋斗的人生旅程。

此后，在李济先生的支持下，父亲主持了许多次考古发掘调查，他写出了一批有分量的学术论文，在考古界脱颖而出。他还完善了史语所的考古方法，提高了发掘质量。李济先生回忆说："（梁思永的）工作胆量与处理事务的细密，是考古组全体同仁所佩服的。"李济先生撰写《殷墟陶器研究报告》时，第一个替他审查的就是已重病卧床的父亲。李济先生认为父亲的鼓励和协助是他得以完成这部巨著的很大动力。称赞父亲说："梁思永是中国的一位最杰出的考古学家。"夏鼐先生指出："梁思永改进了田野考古技术，组织室内整理、训练年轻人员，使一切都渐入正轨。"

赴东北首次田野考古

现代考古学与传统金石学重要区别之一，是注重田野发掘，有人称之为"锄头考古学"。

1930 年父亲入所不久，地质调查所的著名地质学家丁文江告知：调查所的法国传教士、古生物学家德日进神父，曾于 1924 年在热河林西县城南发现了一处新石器时代遗址，问史语所可否派人前去调查一下。傅斯年、李济得知后，决定派父亲前去。当父亲准备动身时，辽源（即郑家屯）、通辽一带发生剧烈鼠疫，将原定入热河的北路路口阻断。正在这进退犹豫之际，父亲接到了丁文江的来信，信中附有德日进由滨江（即哈尔滨）给他的一封信，提及新近有中东铁路俄籍雇员路卡徐金在昂昂溪附近地方发现了一处新石器时代遗址……蔡元培、傅斯年得知这个消息后，二人立即意识到该遗址在历史和现实政治中的重要意义，决定抢在日本人发动全面侵华战争之前，派父亲前去实地调查、发掘，从地下出土的历史实物来证明历史。借此揭穿日本人企图占领中国领土而疯狂叫嚣的"满蒙非中国领土"的谎言。

1930 年 9 月 19 日，父亲从北平出发，先到天津。20 日一早，助手王文林携带应用仪器用具赶到，与他会合。自此，父亲开始了他回国后的首次田野考古调查——发掘黑龙江昂昂溪史前遗址。

昂昂溪位于东北平原北部的中心，此前，日本学者对东北进行过考古活动，但限于辽东半岛及松花江以南地区，父亲此行是考古学者首次进入黑龙江地区。

此时离“九一八事变”还有一年，但日本关东军已原形毕露，经常无事寻衅，为进一步侵占中国领土制造借口。

父亲他们抵达黑龙江辖区后，战火时断时续。1930 年 9 月 28 日，他与助手来到偏僻荒凉的昂昂溪五福遗址开始调查。据助手王文林回忆：“……经过内蒙古时，常数十里不见人烟，且多马贼。所携带的钞票千余元装入破皮鞋之隔层中，晚间住宿蒙古包，燃料用马粪，辛苦之至。”这个时候，昂昂溪气温急剧下降，天气已如关内的冬天。他们打算挖掘的沙岗，位于嫩江东岸凸出的地面上。沙岗东去昂昂溪车站约 6 千米，西去江边约 7 千米，这些沙岗错落排列成南北一行，最南的第三沙岗离铁路约 1.8 千米，沙岗四周都是一望无际的平地。由于嫩江泛滥，这地方终年都为水所浸没，是一片真正的沼泽地。春、秋两季江水高涨时，水面离铁路路堤顶部有时只有一两米，9 月底时水已渐退，他们出镇沿着铁道往西走，路堤两侧都是水，堤北比堤南水面深，时有渔船往来，堤南近堤处水较浅，要去沙岗只有涉水一法。由于找不到更近便的地方，父亲将工作站设在昂昂溪街里。每次前往沙岗他们都携带挖掘工具，顶着寒风下堤，选水较浅处脱掉鞋袜，将裤脚卷到大腿，趟着冰凉的江水到达沙岗。

这次他们考察的四个沙岗，第一沙岗在铁路南约 300 米；第二沙岗在第一沙岗的东北，相隔约 100 米；第三沙岗在第一沙岗的西南，相隔约 1060 米；第四沙岗在第三沙岗的东南，相隔约 120 米。沙岗之间地势较高，积水相对比四周浅些。由于各个沙岗顶部都已被风吹去，它们本来的高度亦不能确定，当时所见的高度约在两三米之间。从沙岗的结构上看，都是地质学上所谓的“固定沙岗”。岗面上长满了兔草，看纵截面，表面有一层黄沙，当中一层为约 1 米的黑色沙层，底下就是净黄沙。中层与下层界限较分明，文化遗物就出自黑沙层。

地面采集只是拣拾路卡徐金屡次采集的剩余而已。他们从坑底遗存稀少的情

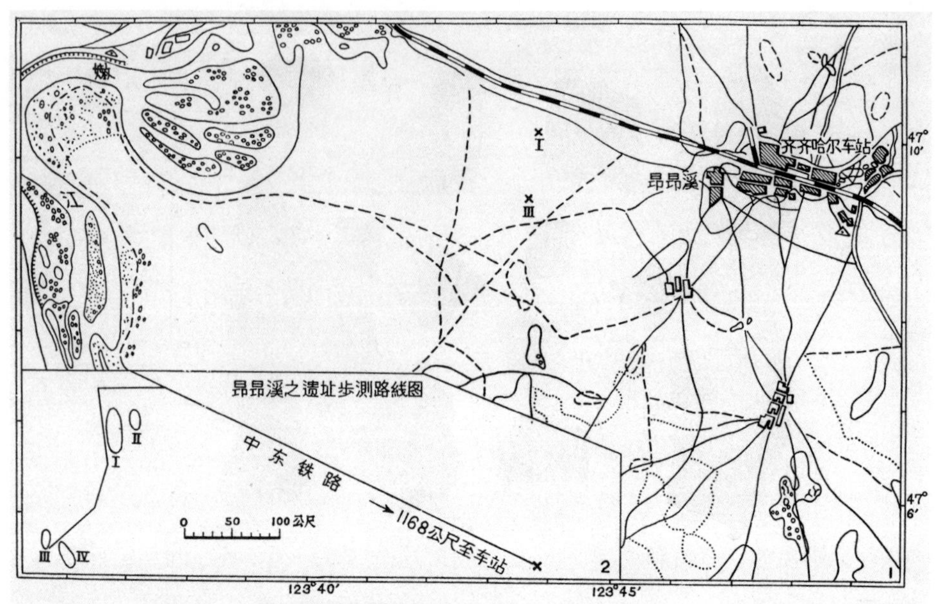

昂昂溪史前遗址附近地图（《昂昂溪考古文集》）

况看，推定沙岗内所藏的遗存极为有限，于是又在沙岗的各部分坑崖暴露的地方进行试探性的挖掘。9 月 30 日，在第三沙岗的探坑中发现了这次挖掘的唯一成果——一座墓葬，他们认为这座墓葬所代表的文化已实行较繁重并多少已有定格的丧礼。根据殉葬器物分析，他们发掘的是一座男子的墓，出土了土枪、镖、刀等打猎用的兵器。路卡徐金挖掘的是一座女子墓，出土精琢器、削刮器、石珠（石珠的原料都不是本地岩石，表示这种文化和外界已有相当接触）等。而这两座墓各出一个近球形和长流的陶器放在头和脚部，由于所有幺石器、石片都是在地面上采集的，所以不能绝对确定幺石器与墓葬的关系。

梁思永本人在五福遗址水淀里亲自发掘了四处沙岗和一座墓穴，发现了 300 多件石器与陶器，路卡徐金采集约 700 件，共约 1000 件。其中石器最多，陶片其次，陶器只有 2 件，骨制器很少，有 10 件。

根据地质学者对以上发掘出土之遗存的观察，昂昂溪一带的沙岗是从前大湖边的堆积，他们所发现的是一种水边文化的遗存，这遗存里的兵器大部分是专为打水兽用的猎器，其中分为石器、骨器和陶器。梁思永对他们作了如下分类。

昂昂溪西沙岗四周之平原，摄于 1930 年 10 月（《昂昂溪考古文集》）

昂昂溪第三沙岗之北头，图中人坐处即墓葬所在，摄于 1930 年 10 月（《昂昂溪考古文集》）

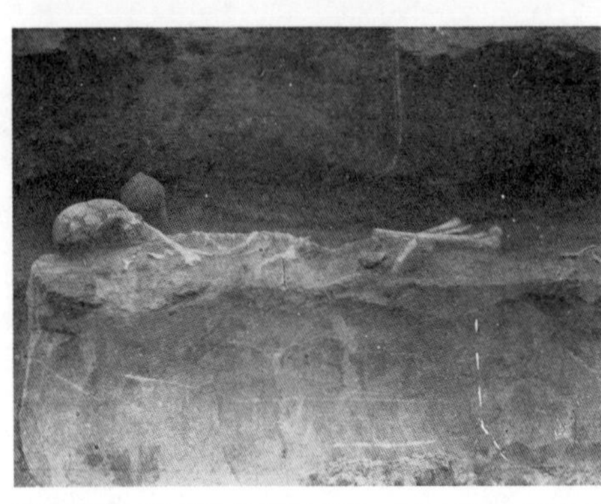

昂昂溪第三沙岗北头东崖墓葬，摄于 1930 年 10 月（《昂昂溪考古文集》）

一　石器

（一）所有岩石种类，制造石器所用的岩石有以下几种：燧岩石、燧石（绿、棕灰色）、石髓（红白、净白）、玛瑙、矽化石板、似玉石、玄武石、粗大理石、石英。

（二）幺石器和非幺石器

1. 幺石器石核和普通幺石片

（1）石核

① 石核（制造幺石片没有用完或不用的石块）

② 石核石

③ 石核钻

（2）石片

① 普通石片

② 小雕刻具

③ 梯形石片

2. 非幺石器

（1）精琢过的石器

（2）磨光的石器

父亲认为可以将这些幺石器和骨器归入一个文化期，这样不但将幺石器和磨光的石器同时的关系搞清楚，并且将幺石器所代表的文化内容加以丰富。

二　骨器

骨器主要包含骨枪头、鱼骨镖、骨锥。

三　陶器

遗址出土的陶器和陶片很少，完整的陶器只有两件，一件是梁思永这次采集的，另一件是路卡徐金采集的，破碎的陶片数量也不出 200 块。

10 月 3 日，突降大雪，天寒地冻无法开工，发掘工作经过六天后只得到此结束。

父亲将所有的陶器和陶片归总分为六种。他对发掘器物做了初步整理和分类，

第三沙岗墓葬出土陶罐

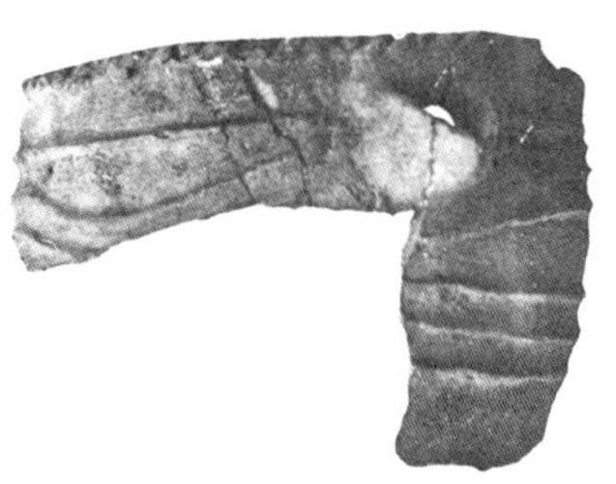

第三沙岗墓葬出土带流陶罐残片

第三沙岗罐底残片

部分器物交与当地政府保存后，便取道热河返回北平，这样便于沿途考察其他地方的史前遗址。

10 月 21 日，他们由通辽出发经过开鲁、天山、林东、林西、经棚、赤峰、围城，抵达热河。在热河境内行程 500 千米，历时 38 天，一路行来，共跋涉了上千里。其中在天山发现查不干庙遗址，在林西发现林西、双井、陈家营子等遗址，在赤峰东北发现赤峰遗址。此外，父亲于塞外五处新石器时代遗址采集了大量陶片、石器等文物标本。这些遗物种类数量均很有限，与此前日本人鸟居龙藏、法国人桑志华在此采集的标本多有重复，价值当然不及发掘文物之高。但这是中国学者首次在热河境内考古。为了引起人们注意，也为了表示对日本"学者"随侵略军到热河"考古"的不满，1936 年父亲发表了《热河查不干庙等处所采集之新石器时代石器与陶片》一文，刊于史语所《田野考古报告》第一册。

父亲以一个经过严格科学训练的考古学家的眼光对热河沿途地理环境做了考察。此行目的是试图在广泛调查之后，在热河境内进行大规模的考古发掘。此后，日本发动侵华战争，这个考古计划只得搁置起来。

经过对热河与东北三省的发掘材料对比研究，根据共同出土打制石器及印文陶（至少在热河）的特点，父亲把西辽河以北之热河同松花江以北之东三省划为一区，（广义的）辽河流域为一区（其特点是盛出磨制石器），进行了条理清晰的文化区系划分。随着对黑、热二地史前文化材料进行鉴别和比较，以幺石器与遗址沙岗的环境为标准，初步得出了"昂昂溪的新石器文化，不过是蒙古、热河的新石器文化的东支而已"的结论。

回到史语所，经过细致的研究，他就开始忙于撰写东北四省的考古报告了。

昂昂溪文化

1932 年 10 月，父亲在《历史语言研究所集刊》第四本第一册发表长达 44 页的大型考古发掘报告《昂昂溪史前遗址》。报告近 7 万字，插图和写生达 36 版。此次科学考古发掘和研究报告的面世，为嫩江流域古文化的研究奠定了理论基础和科学依据。大量出土文物证明，东三省自古以来为中国的一部分，无可辩驳。

他的考古发现成为傅斯年论战的一柄利刃。在这一地区的石器研究中，父亲就热河特别是查不干庙和林西、赤峰一带采集到的细石器、陶片等的概念和分类标准进行了创新性的时代划分，为后来的研究工作树立了科学典范。从此，松嫩平原、嫩江中下游沿岸广泛分布的以细小压琢石器为主的原始文化类型被称作“昂昂溪文化”，这一文化类型在中国乃至世界古代史上都占有重要地位。

查不干庙遗址速写，由西向北看（《梁思永考古论文集》）

陈家营子遗址速写，在河台上（《梁思永考古论文集》）

林西遗址中一沙窝速写，窝底布满遗物（《梁思永考古论文集》）

林西遗址之沙层速写，图中最上为黄沙层，中为黑沙层，下为净黄沙层（《梁思永考古论文集》）

林西遗址西部速写，南望锅承山（《梁思永考古论文集》）

林西遗址，石锤出土情形速写（《梁思永考古论文集》）

双井遗址速写，坡脚下（《梁思永考古论文集》）

赤峰西北遗址速写，沙堆前之地面，全布满遗物（《梁思永考古论文集》）

因殷墟发掘而实践出的“文化层”概念

1931 年春，史语所考古组开始殷墟第四次发掘，李济先生具体指导此次发掘工作。他有计划地将殷墟遗址划分为五个大区，每个区由一位受过专业训练或有经验的考古学家指导，以“卷地毯式”的新方法进行发掘。发掘人员有董作宾、吴金鼎、郭宝钧、李光宇、刘屿霞、王湘、周英学以及河南省派出的关百益与河南大学实习生石璋如、刘耀（伊达）等人。父亲告别刚刚新婚三个月的妻子李福曼，也参加了这次发掘。

殷墟第四次发掘，河南省政府特派员于袁家花园养寿堂宴请地方人士及发掘团成员，前排左起：郭宝钧、李光宇、董作宾、李济、周英学、刘屿霞、梁思永，摄于1931 年春

此前，安阳殷墟附近有许多满布陶片的遗址，只因不出有字甲骨而不被重视。这次李济先生主持第四次发掘时，感到有发掘这些遗址的必要。于是决定在殷墟的东南部靠近平汉路一个明显凸出的名叫后岗的地面（小屯以东）进行发掘，并把该地区划为第五区，当地遍布绳纹陶片。发掘工作由刚刚到来的父亲独立主持。

殷墟第四次发掘，成员在安阳袁家花园重钓亭，从左至右：李光宇、刘屿霞、吴金鼎、王湘、周英学、梁思永、李济、郭宝钧、董作宾，摄于 1931 年春（李光谟提供）

后岗遗址北临洹河，位于小河湾南岸的一处台地之上。西北面是傍河而立的十几米高的黄土壁，东北是一片河水沉积的沙洲，东、南两面地势平坦，遗址的分布中心每次都略向东北方向移动，这大概与洹河的活动有关。

1931 年 3 月 5 日，父亲在殷墟后岗

“星光璀璨”的合影——1931 年春，史语所同仁及北平学术界部分人士在北海静心斋欢迎蔡元培先生由沪抵平。董作宾在照片中记道：“欢迎蔡先生：一个不可再得的盛大集会！”

歡迎蔡先生
一個不可再得的大盛
丁山
傅斯年
顧頡剛
李光宇
陳槃
徐炳昶
胡適
容庚
李濟
董作賓
趙元任
李方桂
梁思永
王湘
楊時逢
羅常培
李家瑞

地区发现一片有字甲骨版，这是首次在小屯以外发现的有字甲骨，还出土了与城子崖遗址下层文化相同的黑陶期遗物。他带领吴金鼎、刘耀、尹焕章等几名年轻学者，采用西方最先进的科学考古方法——地层学方法，依照后岗遗址不同文化堆积的不同土质、土色、包含物来划分文化层，成功地区别出不同时代的古文化堆积。他以超凡卓绝的旷代才识发现彩陶－黑陶－殷墟文化遗存三者之间是以一定的顺序叠压着的“三叠层”。其上文化层为浅灰土层属殷商文化。出土陶器颜色以灰黑为主，兼有少量白陶和釉片，器型以鬲为主，还出现了形如古代武士头盔的冶铜坩埚。骨器类型有箭镞、单孔刀及刻字甲骨。中文化层土色呈浅绿，发现有大量与城子崖遗址出土陶器纹饰、器型完全相同的磨光黑陶，明显属于龙山文化层。下文化层为灰褐土，属仰韶文化层，未发现卜骨。

由于洹河水所冲积形成的三角沙洲是向东北推进的，其堆积显现了三种文化的依次演进。父亲据此推测，第一次彩陶文化的人们在西南角留下一个小土堆。第二次黑陶文化的人们在小土堆的东北方向建成一个较大的村庄。这个村庄废弃后，后岗大致形成。第三次白陶文化的人们在黑陶的废墟上继续堆积，最后形成了现在的后岗。

刘耀（尹达）先生后来评价：“在河南北部这三种文化的时代序列是基本上肯定了。这好像是一把钥匙，有了它，才能破解中国考古学中这样的关键问题。这是中国新石器时代考古发掘中一个极重要的转折点。这功绩应当归之于思永先生。”夏鼐先生也说：“梁思永自加入殷墟发掘后，对于组织上和方法上都有重要改进，提高了我国田野考古的科学水平。在野外工作中，能注意新现象，发现新问题。主持大规模发掘时，能照顾到全局，同时又不漏细节。”

殷墟第五次发掘成员合影，左起：王湘、李英伯、石璋如、郭宝钧、张善、董作宾、刘屿霞，梁思永、刘耀，摄于1931年秋

对于“三叠层”这一奇特的现象，父亲以其丰富的科学知识、超前的思维方式和独特的学术眼光意

识到，既然彩陶文化代表着安特生在仰韶特别是在甘肃所发现的仰韶文化，那么，黑陶文化是否代表着此前李济等人发掘的历城龙山镇城子崖的龙山文化？如果这一假设成立，则意味着龙山文化不仅限于城子崖一地，所涉及范围应更为广阔，并代表着一种普遍的历史文化。这一极富科学眼光的洞见，无疑是找到解开中国史前文化之谜的一把钥匙。面对史语所同仁“天天梦想而实在意想不到的发现”，李济等考古学者感到城子崖遗址是获取这把钥匙的关键所在，实有再度发掘以详察内容及充实材料的必要。于是傅斯年先生决定暂缓编印殷墟发掘报告，派父亲率一部分考古人员赴城子崖遗址，再度展开发掘，以验明此地黑陶与安阳殷墟所出黑陶是否属同一种文化。

三叠层——在城子崖、殷墟找到推翻西方学者谬论的证据

1930 年 11 月 7 日，山东历城（今章丘）龙山镇城子崖遗址首次发掘开始，至 12 月 8 日结束，前后进行了一个多月。这次发掘由李济主持，参加者有董作宾、吴金鼎、郭宝钧、李光宇、王湘等人。采用的是考古层位学的方法，发现城子崖台地的断崖上清晰可见的“文化层”（在灰土层中常夹杂着人类活动的遗物，这种包含人类文化遗迹的灰土层，考古学上称之为“文化层”）。这次发掘最有特点的出土物是黑陶。其中的黑陶杯“黑如漆、明如镜、薄如纸、硬如瓷，掂之飘忽若无，敲击铮铮有声”。之后，经吴金鼎整理，这些发现展现了龙山文化的总面貌。

1931 年 10 月 9 日，父亲率吴金鼎、王湘等人，由安阳转赴城子崖遗址进行继李济之后的第二次发掘。城子崖这个黑陶文化遗址，最早是由吴金鼎于 1928 年春在距济南东约 40 千米的历城县龙山镇旁、武原河边的一个台地上（武原河流经龙山镇）意外发现的。他在断崖横面上找到一些陶片，并在随后的实地勘察中，发现了更多黑亮的陶片与石器、骨器。吴金鼎虽发现了这个遗址，而凸显龙山文化的重要性则应归功于父亲。这个遗址的最上层是周代文化遗址，中层是夏代的岳石文化层，最下层是原始社会晚期的龙山文化层，属新石器文化。其陶器以手制为主，但轮制已出现，已出土的是黑陶和粉黄陶。这些陶器技艺精湛、造型奇特，极富创造力与想象力，但此类工艺到上层文化层时似已失传。

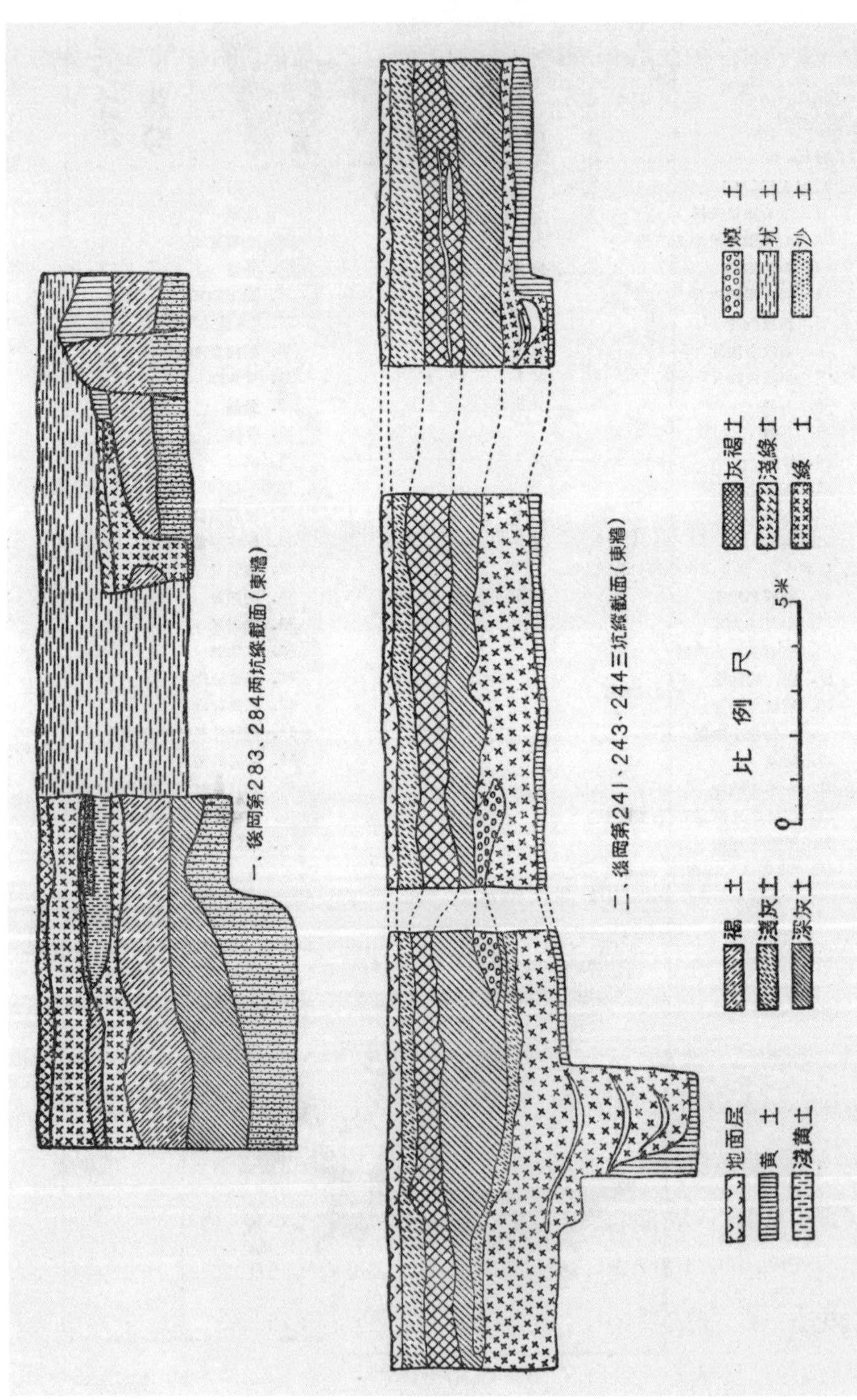

后岗三叠层地层剖面图（《梁思永考古论文集》）

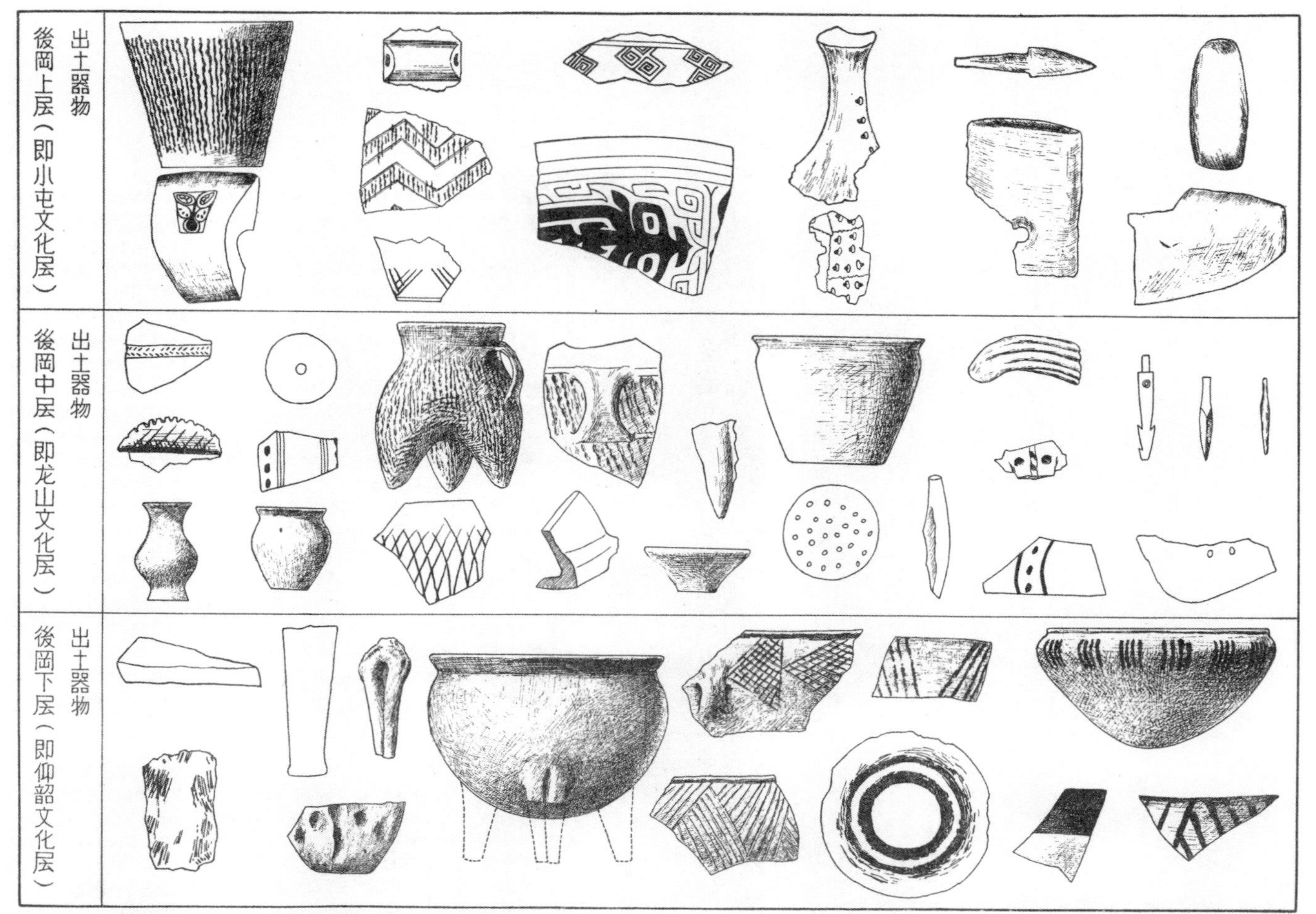

后岗三叠层出土文物对比图（《梁思永考古论文集》）

后岗下层出土之带彩陶器与陶片（《梁思永考古论文集》）

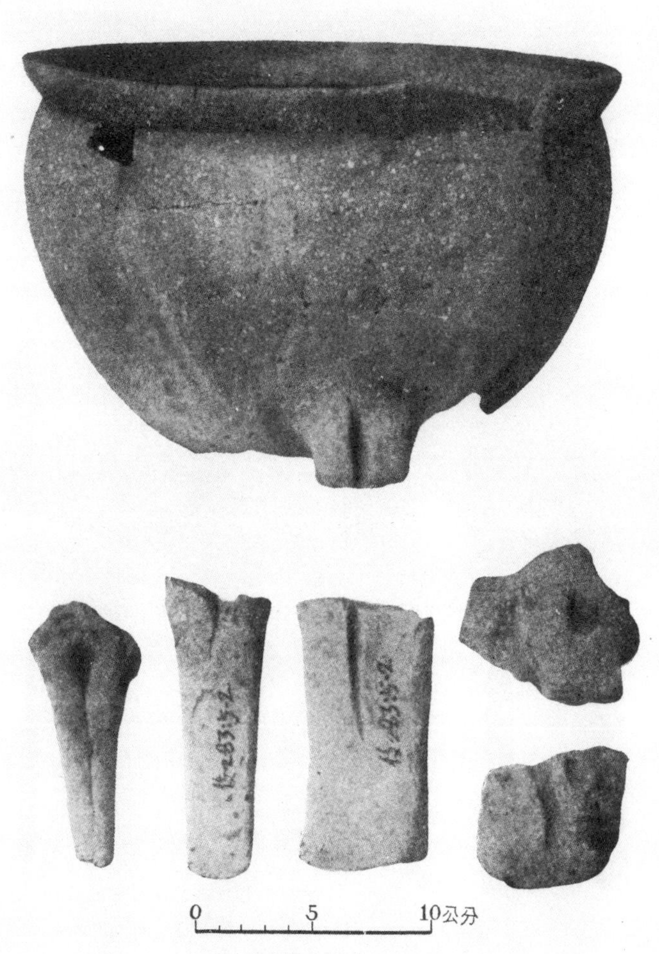

后岗下层出土之陶鼎与鼎足（《梁思永考古论文集》）

由出土的卜骨、筑版与夯土得知，城子崖文化与殷商文化为直接的传承关系，同时还可以反过来重新认识殷墟建筑遗址。城子崖发掘首次发现以磨光黑陶为显著特征的新石器时代遗存，最初被称为“黑陶文化”，后以遗址所在地龙山镇命名为“龙山文化”。

父亲此次发掘有着较为明确的目的：一是想在彩陶区域以外做试验，二是想看看古代文化的海滨性，三是想探探比殷墟绝对年代更早的东方文化遗址。与第一次发掘相比较，他指挥的此次发掘在以下三个方面做了科学的改进。

一是提高工作效率。开工伊始，父亲建议改变上次发掘中六名民工同开一坑的做法，分批段逐次增人。开坑之初，仅派两人同挖一坑，即一锨一镢合作，掘至两米深的时候，因坑边积土增多，翻运困难，再增一人，至三米深后，每坑增至四人，再深之后，每坑增至五人并改用辘轳往外提土。以此方法，各坑人数虽不固定，但每人都有固定分工，干活快慢，极易比较，且坑内由于人员减少而增大了每个人的立足之处，增加了作业面积，工作效率比上次大为提高。

二是用布袋装出土文物。上次发掘主要以麻纸包裹出土遗物，然后放在筐中以便搬运，出土之处的坑位置也写在包裹出土物的麻纸上。当时一角钱仅买麻纸十张，只用一次便破损，无法再用。此次发掘为了节省费用，改用面粉口袋代替麻纸，只有一些小物件及特殊物件仍用麻纸和封筒包装，并用特别标记，然后再装入面袋。面袋一角钱一个，每个可用十数次不坏，并且文物装入袋内之后不易混乱和碰撞，尤其便于运送。每个坑的出土文物分别装入同一袋中，另写一小纸条放入袋里，标明出土坑位、地层等情况。

三是改换记录方式。第一次发掘中出土物只标写总号，未标出土地点，后期整理区别十分困难，不得已又重新将全部材料铺展开来，查对核实后方辨别出来。当把地点标定之后，再进行整理，发现既然有出土地点的标志，就没有必要标出总号了。

父亲指挥的发掘方法，每层出土物仅标明出土地点，而一概不进行编号，只是遇到极特殊的出土物，除出土地点外，还需标明其他情况时，才进行编号。例如：

编号	出土地层坑位	记载
125	A25：15	其附近有红烧土及木炭，炭中夹杂烧焦之兽骨

出土之物，洗去泥土即比照面袋内纸条上所写的出土地点，分别标在每件实物上，再取登记本连同一般的出土物及特殊出土物一并进行登记。这种登记本为活页式，且每个探坑单独制作，每个探坑内的深浅及各层之间的异同，也就一目了然了。

第一次发掘，只记录了每个坑中实际捡取的出土物，对于舍弃不取的出土物，则无记载。这对发掘结束后，对遗址遗物的研究不利。父亲主持发掘的记录，无论捡取数量多少，逐项记录。例如:探坑出陶 50 件，捡 30 件，出骨 20 件，等等。如此这般，取余的数量一望而知，编号和数目统计也变得容易多了。

到了城子崖发掘后期，一场突如其来的暴雨将几个已经掘进一米多深的探坑，变成了一个个灌满浑水的陷阱。按以往的办法要等待坑中水全部自然干涸后，才能继续挖掘，而这要耽搁一个多星期的时间。面对此景，父亲与发掘人员心急如

梁思永主持第二次城子崖发掘时的合影，左一为梁思永，摄于 1931 年 10 月

焚，眼看天气日渐寒冷，日本人步步进逼，敌占区已扩大到离殷墟不远的冀东。而殷墟的发掘还在紧张地进行，况且有限的经费也不允许在此多加耽搁。经过商量，他决定采纳吴金鼎的建议，打破常规，借用老乡的水桶提水将水排开，以便尽快发掘。当水桶借来后，父亲第一个卷起裤腿跳入水坑与大家一起把雨水一桶桶提出坑外，然后赤着脚趟着冰冷的泥浆，弯腰弓背，用手一点点向外发掘。至10 月 31 日，发掘暂告一段落。除去星期日休息，实际工作 20 天，单日最多用工人数 48 名，共开挖坑 45 个，总面积 1520.8 平方米，发掘遗物共装 60 箱，由龙山运至济南山东古籍委员会保藏。

父亲还主张在发掘工地附近另租工作站以提高工作效率，仅在星期天回城休息和做下一周的准备。中国田野考古的工作站制度开始实行。

1932 年 3 月，城子崖遗址第二次发掘的物品全部整理完毕，发掘的结果再次证明殷墟与城子崖两地的黑陶文化基本相同，这一文化范式证明了父亲此前推断的正确性。这次意义非凡的发掘，以鲜明的事实纠正了瑞典学者安特生将仰韶与龙山两种新石器时代文化混在一起，轻率地得出“粗陶器要比着色的陶器早”的错误结论。这次发掘进而推动了殷墟发掘中“地层学”这一先进考古技术方法的运用，使当时与后世学者认识到将殷墟文化与其他文化进行比较分析的重要性，从而为中国考古学发展的科学化和规范化树起了一座里程碑。

城子崖发掘结束后，父亲又率队返回安阳。在以后的几次发掘中，于殷墟西部的同乐寨发现了纯粹的黑陶文化遗址。这个发现使他坚信在后岗关于仰韶文化—龙山文化—商（小屯）文化的“三叠层”一定是按照三者存在先后时间而划分的科学证据，这一重大发现证明殷商文化就建筑在城子崖式的黑陶文化之上。父亲对后岗三叠层的划分，成功地构筑了中国古文明发展史的基本框架，为中国考古学与古史研究促成了一次划时代的飞跃。父亲也因这一发现而一举成名，奠定了他中国考古学一代大师的地位——这一光辉成就正应了祖父梁启超当年的愿望，只是可惜此时祖父已作古，无法见到儿子对中国考古发掘的贡献了。

1931 年 11 月 7 日 –12 月 19 日，父亲又参加了李济先生主持的殷墟第五次发掘，他们在小屯村中及村北掘得有字甲骨 381 片。还发现了殷人居住的圆穴和储藏器物的地窖，甲骨文字散见其中，证明“甲骨原在地系堆积而非淹没”，从而纠正了第一次至第三次发掘所假定的殷墟为“洪水淹没”的看法。

1932 年，父亲 28 岁，年轻力壮，正准备为我国的考古事业大干一场。他在野外工作中和工人们一起挖掘，尽管条件十分艰苦，有时需要卷起裤腿在水中泡上几个小时，为了工作不受雨季影响，有时还要挑灯夜战，吃饭也无定时，工作紧张使他无法离开工地，只得啃点白馒头，喝几口凉水算作一顿饭，但他还是干劲十足。同年春，在一次野外发掘时，父亲患了感冒，由于当时发掘工作极其紧张，生活又艰苦，他终日奔波于各工地间，无法前往医院看病，致使病情未能得到及时控制，直到高烧数日后转成病情严重的急性肋膜炎，才急忙转到北平协和医院住院治疗。由于耽误了最佳治疗时机，父亲胸部开始大量化脓积水，医生从他胸腔内连续抽出了四瓶如同啤酒般颜色的积水，经加量用药和多方设法救治后，方稳住病情，身体才逐渐转好。出院后被送到香山玉皇顶疗养了一段时间，才又回到赵堂子胡同家中。在母亲的悉心照顾下，父亲这场突如其来的大病，经过两年治疗休养，直到 1934 年才渐渐转好。但实际上并未能完全康复，父亲就决定去上海工作，这场病给他留下了终身后患。

中国第一号“采取古物执照”

1932 年春，李济主持了殷墟第六次发掘，发现了商王朝宫殿基址。较之于单纯地发现甲骨与甲骨文，这一发现无疑具有更大的科学价值。

1932 年秋到 1934 年春，由董作宾、郭宝钧、李光宇、刘耀、石璋如、李景聃、尹焕章为主力队员的考古学者在殷墟进行了第七、八、九次连续性发掘，并把目光由小屯转移到后岗和洹河北岸的侯家庄南地、南台等处，发现了梦寐以求的商代王陵区。

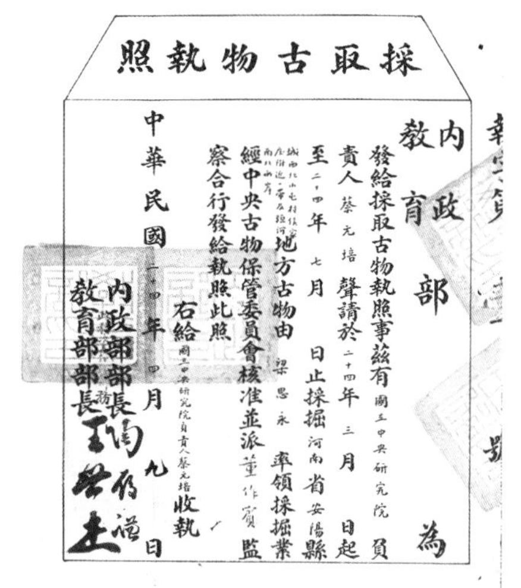

採取古物執照

內政部
教育部 為

發給採取古物執照事茲有 國立中央研究院 負責人 蔡元培 聲請於 二十四年 三 月 日起至 二十四年 七 月 日止採掘 河南 省 安陽 縣 [illegible] 地方古物由 梁思永 率領採掘業經中央古物保管委員會核准並派 董作賓 監察合行發給執照此照

右給 國立中央研究院負責人蔡元培 收執

內政部部長 [illegible]
教育部部長 [illegible]

中華民國 二十四 年 四 月 九 日

1935 年 4 月 9 日，由内政部、教育部核发给中央研究院的我国最早的“采取古物执照”，上面清晰地显示了执照申请负责人是蔡元培，发掘负责人为梁思永。

1933年，我出生于上海。半年后，父亲决定到北平工作。于是我们一家三口先回天津老家住了些日子，又至北平住在米粮库，父亲则在北海静心斋工作。

1934年春夏间，父亲恢复考古工作。他先是在家中补写了热河调查报告，秋季又重新奔赴田野，参加安阳殷墟侯家庄南地与同乐寨的考古发掘。

父亲经历了李济主持的两次殷墟发掘后，逐渐成为殷墟考古的领头雁。作为史语所的研究员，他从1934年秋至1936年冬，又先后主持了第十、十一、十二、十四次殷墟发掘。

由于在第九次发掘时，父亲得知安阳侯家庄亦有甲骨，于是，从1934年秋到1935年秋，殷墟第十、十一、十二次发掘的工作地点完全转到了侯家庄西北岗。重点是大规模发掘殷代陵墓。此时，中国第一部《古物保存法》（1930年6月出台）正式生效，田野考古发掘需凭执照才能进行，父亲以侯家庄西北岗发掘领队的身份领到了我国第一号采取古物执照。

侯家庄西北岗的三次发掘

1934年秋，父亲领导的第十次殷墟发掘正在筹备中，这次发掘原计划与前三次一样，继续寻找殷商时期的建筑基址，并对洹河河谷一带进行全面考察。但此时父亲听到近来青铜时代墓葬被盗的故事：大约在1933年，侯家庄附近私人挖掘出大量青铜器和其他古物珍品。最为有名的是三件不知形状、体积很大的青铜器，它们很快就在古玩市场上被卖掉。父亲得知墓葬位置靠近侯家庄后，果断采取措施，调动人员，集中一切力量调查是否真有墓地可供发掘。实践证明，这的确是个极重要的决策。

梁思永（左一）、董作宾（左三）视察西北岗西区探沟，摄于1935年4月11日

1934年10月，父亲主持第十次殷墟发掘（侯家庄西北岗第一次发掘）。在石璋如、刘耀、祁延霈、

张善、祁延霈、梁思永、石璋如、李光宇（从左至右），在西北岗 HPKM1002 号大墓，摄于 1934 年秋

祁延霈（左一）、梁思永（左二）、石璋如（右二），在西北岗 HPKM1002 号大墓西南角，摄于 1934 年秋

胡福林和尹焕章等富有经验及受过良好田野发掘训练的年轻考古工作者的协助下，考古队成功找到墓地的确切位置，即侯家庄西北一处微凸的土岗，当地人称“西北岗”。

于是考古队在西北岗开始试掘，并揭露出一些大墓，对整个遗址进行长达近 3 个月（10 月 3 日 –12 月 30 日）的考察，发掘面积达 3000 多平方米，一条土路把遗址分成相距百米的东、西两区。

发掘结束时，所获比预期更加使人兴奋。重要的发现有：西区 4 座大墓，东区 63 座小墓；埋葬的躯体呈不同姿势（俯身、仰身、屈肢、只有头骨等）；大墓中出土的刻纹石器，有高达 36 厘米的；大量的玉饰品、花骨和白陶等。这些制品比小屯的精致，而保存得也较好。显然，该遗址属于与有字甲骨同时代的殷商文化。但他们多少有点拿不准的是，第十次发掘临近结束时才部分揭开的西区大墓，是否是统治殷商王朝的最有权势者的一组王室墓葬呢？

1935 年春，侯家庄西北岗第二次（即殷墟第十一次）发掘计划的制订，表现出父亲非凡的远见和对实地情况的全面了解，但在经济上却遇到了一些困难。发掘工作按照父亲的预算要 2 万至 3 万银元，这比后来的预算多出 5 至 10 倍，史语所那点经费远不足以支付这笔款项。此时李济正代理史语所所长，于是向中研院新任总干事丁文江求援。丁是个知识渊博的人，过去曾对田野考古表现出极大的热忱，以他当时的地位，能够帮助实现父亲的宏伟计划。丁建议让国立中央博物院参与投资部分经费，待出土器物研究结束后，即送国立中央博物院永久保存。由于李济先生本身就兼任国立中央博物院主任，由丁文江批准，顺利地解决了经费问题。

1935 年冬，在南京鸡鸣寺路 1 号中研院史语所门前，前排左起：王湘、石璋如、刘耀、郭宝钧、李景聃、祁延霈；后排左起：董作宾、梁思永、李济、李光宇、胡厚宣、高去寻。

有了充足的经费，考古组新添置了摄影机，准备拍摄发掘现场实况，这在中国还是首次。

经费问题解决后，考古队加紧发掘以扩大战果。此时，史语所考古组的主力几乎全部调到“这一推进历史真相最前线的行列”中来，单从发掘人数来看，就达到了整个殷墟发掘的鼎盛时期。除了任总指挥的父亲外，还有所谓的“十兄弟”主力，他们依次是老大李景聃、老二石璋如、老三李光宇、老四刘耀、老五尹焕章、老六祁延霈、老七胡福林、老八王湘、老九高去寻，后到的制图专家潘悫只好屈居老十。这些年轻人平日散住在工地附近的农户家中，仅周末才回安阳城内冠带巷工作站休整。父亲与他们年龄相仿，却是他们公认的老师。由于长时间的田野工作，又是过着集体生活，他们彼此亲密无间，相处也比较随便。另有临时工作人员与实习生马元材、王建勋、董培宪、李春岩、孙文青，外加史语所元老级人物傅斯年、李济、董作宾。傅、李、董三人作为视察的高级人员，由南京来到安阳，穿梭于各考古发掘现场，协助父亲处理各种棘手的问题与事务。

傅斯年、伯希和、梁思永（从左至右）在西北岗发掘工地，摄于 1935 年 5 月

法国汉学家伯希和与中国学者徐中舒、腾固、王献唐及河南大学、清华大学的闻一多携燕京大学的陈梦家师生也相继前往工地参观。一时间，在几十平方千米的殷墟发掘工地上，大师云集，气势如虹。胸有成竹的父亲充分表现出一个战略家的宏大气魄，规划周密，指挥若定。每天用工达 550 人以上，如果连研究人员和参观者计算在内，最多时曾达到近 600 人，可谓是掀起了田野工作的高潮。

这次发掘持续了 97 天（1935 年 3 月 10 日 –6 月 15 日）发掘面积约 8000 平方米。清理了两区 4 座大墓，揭开了东区 411 座小墓。大墓深 12–13 米，小墓肯定是牺牲的埋葬，不少小墓中只有头骨或无头躯干，这显然为商代“人牲”现象提供了确凿证据。在大墓发掘过程中，发现这些墓不止一次被盗过，但在隐蔽角落还是发现了一些遗物（未被盗墓者发现的）足以使人惊异。特别珍贵的是那些不易腐烂的竹、木纤维留下的精细痕迹，只有受过训练的考古学家才能描绘出它们的轮廓。较有价值的遗物如雕刻的大理石、体积硕大的青铜器和精致的玉器等，但这些都不是在原处而是被盗墓后在墓道的挖土中发现的。

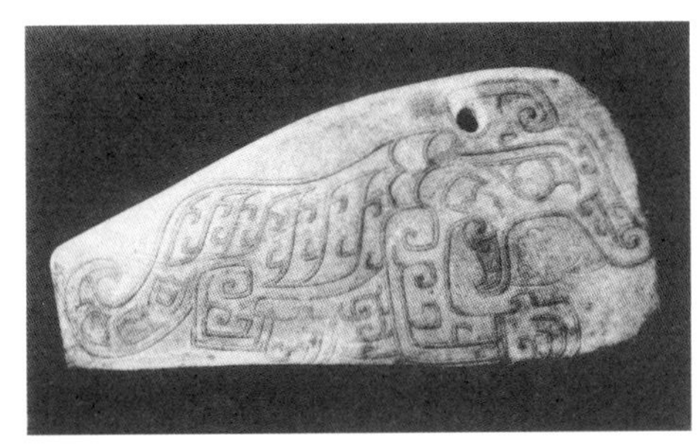
大石磬，现存最古老、最完整的乐器

玉饕餮，镶嵌玉饰，两面皆有细致的饕餮纹
玉刀笔，仿照契刀制造的佩玉，碧绿晶莹

与傅斯年先生一同前往西北岗的法国汉学家伯希和看到的场面却非常壮观。西区的 4 座大墓行将到底，东区的 400 多座小墓正在发掘，被盗后的残留遗物还是为数不少的。

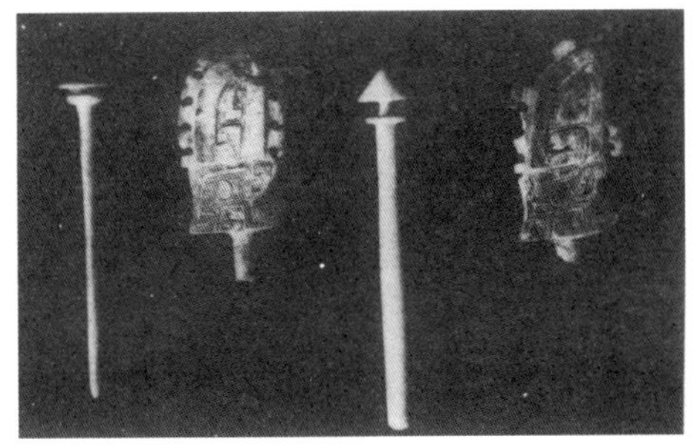
贵族与平民使用的骨笄

如高约74厘米的大牛鼎，稍低一点的大鹿鼎及大圆鼎，各种鸟兽形制的石雕、玉器、绿松石器，还有数十套车器，武士用的头盔、弓矢、戈、矛、刀、戚、斧、钺等，饮食用的爵、觚、斝、鼎等，并有车坑、马坑、象坑、鸟坑、人头坑等。

也就是在这次发掘中，当时还是一名清华大学研究生的夏鼐与父亲相遇了。20年后，已然成为中国考古界巨擘的夏鼐先生对当时的发掘工作回忆道：

我初次跟梁先生做田野工作是1935年春间，在安阳侯家庄西北岗，虽是20年前的事，但留在我脑中的印象仍很鲜明。那次也是我们初次会面，梁先生那时刚过30岁，肋膜炎病愈后不久，他那瘦长的身材、苍白的脸色，显得身体还没有完全恢复过来。但是在工地上他生龙活虎般地工作着，他那种忘我的工作精神，使他完全忘记了身体的脆弱。白天里他骑着自行车在各工地到处奔跑、巡视，对于各工地发掘中所显露的新现象和产生的新问题，他随时加以注意，加以解决。他有时下坑亲自动手，有时详细指点助理员去做。那次的工作地范围广达数万平方米，分成五六个区域，但随处都可看见他的身影……四百多个工人和十几个助理员，在他的领导下，

雕骨残片

雕木印痕，原木已朽，雕工精细，朱色印痕犹存

铜戈选例，殷戈存曲内、圆内、方内、銎内四式

井然有序地工作着，像一部机器一般。晚间在油灯下，他有时和工作队助理员谈当天发掘中的新发现，有时查阅各人的田野记录簿，有时看助理员剔花骨、整理当日出土品，有时和他们讨论新问题，时常深夜未能入睡。

梁思永、梁思成两兄弟在西北岗 HPKM1002 号大墓，摄于 1935 年春

参加发掘的石璋如先生回忆西北岗的发掘有五个最多：参加的工作人员最多，用工人数最多，用钱最多，占地最多，收获最多。其中单就工资一项来说，每人每天工资 4 角，5 天发一次，500 人 5 天便要发大洋 1000 元。本次工作 102 天，除了星期天、雨天停工，实际的天数 85 天，要发 17 次工资，即 17000 元。这个数字在现在听起来简直不算回事，可是在当时听起来，真是惊人！

总之，这次发掘虽然经费开支大，但收获丰富，同时也是最完善的组织工作和最高的行政效率的典范，而且科学考古还提供了一个找到埋葬珍品的可行方法，并对之给予法律保护。

此次发掘的收获除了甲骨文之外，仅从后来参加教育部第二次全国美术展览会展品目录总说明来看，“其中十之九出自安阳城西北十二里之侯家庄西北岗，十之一出自城西七里之小屯村北地。侯家庄为殷代陵墓之残迹，小屯村为殷代宫室之遗址”。

1935 年秋，西北岗第三次（殷墟第十二次）发掘，规模比上一次还大，每天雇用 500 名工人，这是到那时为止中国田野考古史上雇工最多的一次。

这次的发掘面积达 9600 平方米，更多的大墓在西区被揭开，除掉一个未清理完的大墓外，共发掘了 7 座正规的大墓，东区清理了近 800 座小墓。这次发掘结果再次表明，与前两次揭开的墓一样，这些大墓不止一次被盗。不过发现的遗物还是丰富的，有许多是出乎意料的。除了关于大墓的复杂结构和大量体现殷商工程技术的详细的资料被发现外，这个朝代的物质文化的出土才是真正的新发现。

三次西北岗大规模发掘，使埋藏地下数千年的古老遗址得以大面积揭露，共发掘 10 座王陵大墓，小墓千余座。大墓一般是一个墓道，墓室面积达 300–400 平方米，里面普遍发现殉葬的“人牲”遗骨，最多达 200 具。还有王陵周围 1228 座小墓和鸟坑、兽坑、车马坑等祭祀坑（也就是当时的杀殉坑）。这些发现反映商代奴隶社会残酷的阶级压迫，并还原其历史的真面目。这些发掘出来的商代大墓，规模浩大，雄伟壮观，虽经盗挖，但成千上万件精美丰富的铜器、玉器、骨器、石雕等出土文物，还是令人瞠目，在国内是空前的，举世震惊。

几次发掘后，父亲计划用一两年时间整理研究所获得的材料，然后再回侯家庄发掘。但这次的田野工作十分艰苦，消耗体力太大，他的健康情况下降，身体十分虚弱。

自 1934 年开始，由史语所编写出版的中国第一部考古专门报告《城子崖》出版之后，学术界好评如潮。受其鼓舞，傅斯年、李济等开始筹备安阳殷墟发掘报告《小屯》的编写、出版事宜。1934 年秋，父亲主持西北岗发掘时，恰好小屯的发掘由一至九次告一段落，即着手进行发掘报告的编写。受《城子崖》报告编写方法的启发，他拟把自己主持的西北岗工作告一段落后，接下来做室内整理工作，其他人可以主持别处遗址的发掘，这样田野、室内均可并行工作，待报告完成再去做田野工作，如此循环往复，遗址不断发掘，报告不断出版，中国的考古事业将出现一个良性发展的盛况。遗憾的是，卢沟桥一声枪响，惊碎了这个众人向往的梦。

最后的三次殷墟发掘

1936 年 3 月至 6 月，郭宝钧主持了殷墟第十三次发掘，地点在小屯村（发掘小屯是第十一次）。在寻求甲骨方面，本次发掘取得了突破性进展，在著名的编号为 YH127 号商代灰坑中，一次发现甲骨 17096 片，其中有 300 多片是未破损的正片甲骨，且刻有卜辞。更为重要的是，这些甲骨出于同一坑中，这说明相互之间有着某种内在的联系，比之零星出土的传世甲骨残片，其学术价值更高一筹。这一重大发现令学者们欣喜若狂，这对于认识殷代的文化成就和社会状况具有重要意义。

YH127 灰坑整体提取甲骨中，摄于 1936 年 6 月

1936 年 9 月至 12 月，殷墟第十四次发掘由父亲主持。与此同时，YH127 灰坑出土的全部甲骨整体运往南京后，父亲参加了对它们的进一步细致地发掘与清理工作。

YH127 灰坑甲骨钉箱待运，摄于 1936 年 6 月

1937 年 3 月 16 日至 6 月 19 日，由石璋如主持的第十五次大规模殷墟发掘再次展开。地点是琉璃阁、毡匠屯、固维村等地。由于当时李济出访英国，父亲代理考古组主任。1937 年 4 月 8 日，潘悫报告说：“工作地又有大批发现，有陶器、玉器、铜器等。”此时华北地区已是战云密布，局势一日紧似一日，面对一触即发的中日大战，为防不测，殷墟发掘不得不于 6 月 19 日匆匆结束，这是抗日战争全面爆发之前最后一次发掘，也是国民党统治时期，中央研究院考古人员与殷墟考古工作的最后日程。

至此，中央研究院史语所主持，从 1928 年开始的殷墟发掘共进行了十五次，共出土有字甲骨 24918 片，另有大量头骨、陶器、玉器、青铜器等器物出土。殷墟发掘规模之大、牵涉人员之多、收获之丰，前所未有，在世界考古史上亦属罕见。这一创世纪的伟大成就正如著名考古学家、美国哈佛大学教授张光直先生所言："在规模上与重要性上，只有周口店的研究可以与之相比，但殷墟在中国历史研究上的重要性是无法估量的。"殷墟发掘给中国史学界带来了光明。

当发掘人员于匆忙中将出土器物整理装箱押运到南京钦天山北极阁中央研究院史语所时，震惊中外的"卢沟桥事变"爆发了。紧接着日军进攻上海，威逼南京，华东陷入全面战乱。当时提任中央研究院总干事的朱家骅已任浙江省主席，无法继续兼任。该职只好请傅斯年先生出面代理，傅氏顾及各方面情况，毅然挑起这个重担，以事实上的总干事身份处理中央研究院的各项工作。

殷墟十五次发掘小记

殷墟是中国商朝晚期的都城遗址，古称"北蒙"，甲骨卜辞中又称"商邑"、"大邑商"，是中国历史上第一个有文献可考、并为考古学和甲骨文所证实的都城遗址，由王陵遗址、宫殿宗庙遗址、洹北商城遗址等构成。自 1928 年科学发掘以来，殷墟出土了大量都城建筑遗址和以甲骨文、青铜器为代表的丰富的文化遗存，系统展现了中国商代晚期辉煌灿烂的青铜文明，确立了殷商社会作为信史的科学地位。下面对史语所十五次殷墟发掘做一小记。

大龟四板之一拓片

李济于 1929 年在殷墟发现的仰韶文化彩陶片

第一次，1928 年秋，董作宾主持。参加成员有李春昱、赵芝庭、王湘、张锡晋，还有董的同乡同学以及时任河南省教育厅秘书的郭宝钧等。发掘工作从 10 月 7 日 –31 日进行了 24 天，挖掘土坑 40 个，发掘面积 280 平方米。掘获石、蚌、龟、玉、铜、陶等器物 3000 余件，获得甲骨 854 片，其中有字甲骨 784 片，另有人、猪、羊等骨架出土。

书斋中出来的董作宾从来没有看见过出土的骷髅头，只从笔记小说中知道死人头发是最不易腐烂的。以至他发掘到一座时代不明的古墓时，便认为头上无发的墓主人必然是一位和尚。骷髅头狰狞可怕，所以仍被埋了起来，当时便有了“挖到和尚坟”的故事。到了李济、父亲主持发掘时，才注意到对人骨标本的采集，并运用了科学的采集和保存方法。

由于考古方法上的缺憾，董作宾感到惶恐不安，并有了中途换将，由李济出任第二次发掘主持的想法。

第二次，1929 年春，李济主持，董作宾配合。

第三次，1929 年秋，美国费利尔艺术馆予以经费支持。这次发掘，陆续发现了大批陶器、铜器与 3000 余片甲骨、两大兽头刻辞与闻名于世的“大龟四板”（完整的刻满文字的乌龟壳）。尤其引人注目和振奋的是，这年 11 月 21 日李济于一堆碎片中发现了一片彩陶——这是安阳殷墟在抗战前全部十五次发掘中，所记录出土的 25 万块陶片中唯一的一片具有仰韶文化性质的彩陶。对于这异乎寻常的发现，20 年后，李济曾专门撰写论文指出其在历史研究中的重大价值和意义：“在开始这一工作时，参加的人员就怀抱着一个希望，希望能把中国有文字记录历史

殷墟第十一次发掘成员合影，左起：王湘、胡厚宣、李光宇、祁延霈、刘耀、梁思永、李济、尹焕章、夏鼐、石璋如，摄于 1935 年春

殷墟第十五次发掘，发掘团成员在冠带巷欢迎梁思永视察，左起：石健、魏鸿纯、尹焕章、石璋如、王建勋、梁思永、张光毅、潘慤、李永淦、高去寻，摄于1937年

的最早一段与国际上令人注意的中国史前文化连贯起来，做一次河道工程师所称的‘合龙’工作。这一希望在第三次安阳发掘时，由于在有文字的甲骨层中一块仰韶式彩陶的发现而大大增加。现在事隔20年了，回想这一片彩陶的发现，真可算得一件历史的幸事。……有了这一发现，我们就大胆地开始比较仰韶文化与殷商文化，并讨论它们的相对的年代。”

第四次，1931年春，李济主持。有计划地将殷墟遗址划分为五个大区，每个区由一位受过专业训练或有经验的考古学家指导。以“卷地毯式”的新方法进行发掘，发掘队除原有的董作宾、郭宝钧，史语所新招聘的吴金鼎、李光宇、王湘、周英学、刘屿霞和河南大学史学系学生石璋如、刘耀以外，还有被李济称为“真正专门研究考古学的人”的梁思永，第五区由梁思永主持。

第五次，1931年11月7日–12月19日，李济主持。发掘地点在小屯村中和村北地。

第六次，1932年春，李济主持。发现了商王朝宫殿基址。

第七、八、九次，1932年秋至1934年春，董作宾、郭宝钧、李光宇、刘耀、石璋如、李景聃、尹焕章参加，由小屯转移到后岗和侯家庄。

第十、十一、十二次，1934 年秋至 1935 年秋，梁思永主持。参加人员有石璋如、刘耀、祁延霈、胡福林、尹焕章、李光宇、王湘、李景聃、高去寻、潘悫“十兄弟”，另有临时工作人员与实习生马元材、夏鼐等，外加史语所元老级人物傅斯年、李济、董作宾。发掘地点是侯家庄西北岗。

第十三次，1936 年，郭宝钧主持。发现 YH127 灰坑，出土有字甲骨 17096 片。梁思永参与对其的室内整理。

第十四次，1936 年 9 月至 12 月，梁思永主持。

第十五次，1937 年 3 月 16 日 –6 月 19 日，石璋如主持。地点在琉璃阁、毡匠屯、固维村等地。

对龙山文化考察的再深入

为了进一步研究龙山文化，1936 年 5 月，父亲还主持发掘山东日照两城镇附近的瓦屋村大孤堆的龙山文化遗址。这是所发现的遗址中最丰富的一处。1936 年秋季，他又参加了西湖博物馆在浙江杭州良渚附近的六处龙山文化遗址的试掘工作。它们的文化“相”与山东、河南的有明显区别。这些遗址的分布，可以说明它们全部位于黄河、扬子江及其支流所沉积的广大冲积平原范围之内，文化遗存和地形似乎有着密切的联系。

祁延霈、梁思永、刘耀（从左至右），在山东日照两城镇，摄于 1936 年春

龙山文化最为显著的物品是陶器。龙山文化先民是极精巧的陶工，他们所制的陶器可与中国制陶技术所造出的最好产品相颉颃。

附：考古之外的生活——父母恋爱史

我的父母，可谓是青梅竹马。

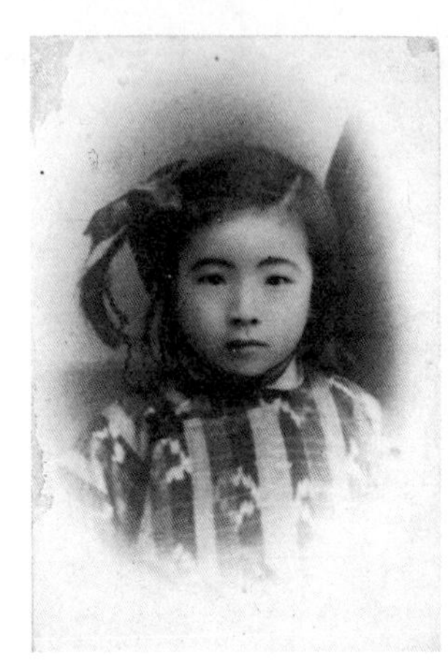

幼年李福曼，摄于1910年代

李福曼和父亲李端棨在北平，摄于1910年代

1907年，母亲李福曼出生于贵州省贵阳市，幼年在北平私人开办的小学读书。1918年，由于家境贫寒，母亲11岁便被祖母李蕙仙接到天津梁家。此时父亲正就读于清华学校，母亲就读于天津美以美教会办的中西女校，她上学的费用全部由梁家供给。1926年中学毕业，由于成绩优秀，她被保送到燕京大学教育系。1930年毕业后，先后在协和医院社会服务部及北大图书馆工作。

中西女校师生合影（左二李福曼），摄于1920年代

母亲性格内向，少年老成，平日不苟言笑，虽对父亲有感情，却不愿表现出来。而父亲的性格却是活泼好动，爱说爱笑，很想和母亲亲近些，但她总是装作没事儿人似的，不和他多谈。直到1924年，父亲从清华毕业即将赴美深造，这段感情总得有个着落，不得已父亲只得托当时住在家中的十四姑帮忙说和，这才放心前去留学。

恋爱中的梁思永与李福曼，摄于1920年代末至1930年代初

父亲在美国留学四年间，他们未通过一封信。直到1928年，父亲回国收集资料在清华国学研究院当助教时，二人才有联系。清华离燕大很近，两人有时见面，平日父亲经常给母亲写英文情书。后来，二人之事全家人都已知道，祖母李蕙仙很赞成这门亲事，说道："福曼是我家人啦！"

1930年，当父亲从哈佛大学学成归来，母亲也已从燕京大学毕业了。经过多年的感情交流，二人终于走到了一起。1931年春，父亲便与在协和医院工作的母亲在协和礼堂喜结良缘，所有的兄弟姐妹都参加了庆典，大大热闹了一番。从此两人便开始了23年同甘共苦、相濡以沫的人生旅程。由此，祖父梁启超与父亲梁思永先后成为贵阳李家的女婿。

附：考古之外的生活——三十年代的生活留影

李福曼母女在李端棻家中，摄于 1934 年

李福曼母女在李端棻家中，摄于 1930 年代

梁思永一家在北平家中，摄于 1930 年代

李福曼母女在北海公园，摄于 1930 年代

梁从诫、梁再冰、梁柏有、吴荔明（从左至右）在紫禁城，摄于1930 年代

梁从诫、吴荔明、周嘉平、梁柏有、梁再冰（从左至右）在北平家中，摄于 1930 年代

南京的夏季，王桂荃与李福曼母女外出游玩，摄于约 1936 年

梁思永全家在南京中山陵，摄于 1936-1937 年

父女二人在南京中山陵尽享天伦之乐，摄于 1936-1937 年

王桂荃与李福曼母女在南京中山陵，摄于 1936-1937 年

梁柏有与二舅李仲武、表弟李同曾、表哥李骏荪（李仲武之子）在南京中山陵的一座小桥上，摄于 1936-1937 年

李福曼与二嫂王静怡（李仲武之妻）携群童在南京中山陵，摄于 1936-1937 年

李同曾、梁柏有、李骏荪、李东荪、李宁荪（从左至右）在南京中山陵，摄于 1936-1937 年

李福曼母女在饮冰室楼前台阶上，摄于 1935 年

梁思礼与侄女梁柏有在饮冰室楼前台阶上，摄于 1935 年

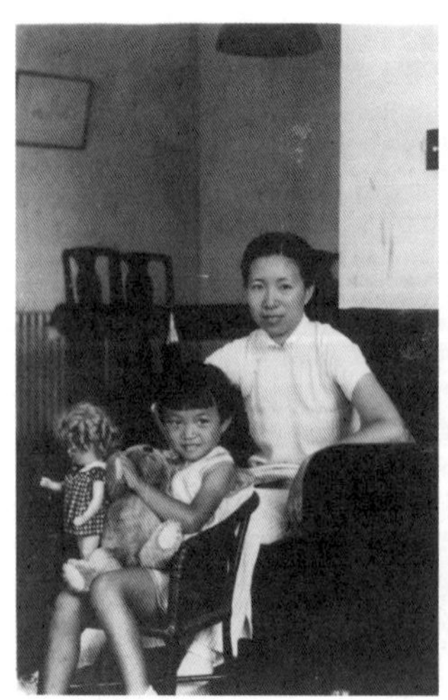

李福曼母女在南京家中，摄于约 1936 年

67 年后，梁思礼与侄女梁柏有再次合影于此地，摄于 2002 年

梁思永在家中休息，摄于 1930 年代

梁思永在南京，摄于 1936 年

饮冰室楼前，王桂荃与李福曼母女合影，摄于 1935 年

第四章

日寇入侵　古物播迁

战云密布，离宁迁移

1937 年 8 月 13 日，驻上海日军万余人突然向江湾闸北中国驻军发起进攻，中国军队奋起抵抗，举世瞩目的淞沪抗战从此拉开了序幕。

上海战事正酣，南京国民政府即根据蒋介石“拼中华民族全力与日本决战到底”的战略方针，开始设法动用一定的运输力量，把国家珍宝、工业设施、战略物资和科研设备，经长江、陇海铁路与各条公路悄悄运往内地，以保存实力，做长期抗战的准备。与此同时，根据国民政府命令，中央研究院各研究所与北大、清华、南开三所大学也向长沙与南昌一带转移。

此前，根据战争形势的演变，极富远见的李济指挥中央研究院史语所考古组对历次发掘的器物和器材打包装箱，准备西迁。据《史语所大事记》民国二十六年（1937 年）七月条：“本所随本院西迁先运最珍贵中西文图书、杂志及善本书，共 60 箱，首次运往南昌农学院，其余 1333 箱分批运长沙，但部分殷墟出土的人骨、兽骨及陶片等，限于运输工具暂留原址。”八月条：“本院组织长沙工作站筹备委员会，本所迁入长沙圣经学院，所长傅斯年仍留南京，派梁思永为筹备会常务委员。”

此次行动，按照石璋如的说法：“因南京离上海很近，战事吃紧，所以先行装箱。在具体的作业中，首先选择重要的文物装箱，像骨头就选人骨，其他部分留下，这也是一种决定。”其中，60 箱珍贵的中西文图书及善本书等，由李济亲自负责押送到南昌农学院保存。其他 800 多箱出土器物，陆续运到南京下关码头装船，分批运往长沙，由父亲总负责组织雇用船只运输安置等事宜。

就在装船过程中，上海战事已到最酷烈的阶段，日本飞机开始向南京大肆轰炸。在炮火硝烟中，一批又一批满载着成箱国宝的轮船悄然离开下关码头，沿长江溯水西行，向长沙进发。史语所的大部分人员连同家眷一同随船流亡西南。

长沙的遭遇

1937 年 8 月，我们一家三口转道武昌到达长沙。史语所的人员借住在长沙韭菜园圣经学校，我们全家借住在一户居民家中。白天父亲外出办事，我们母女则留在家中，在这里我们停留了 3 个月。

1937 年 11 月 12 日，上海沦陷，日军进攻首都南京，12 月 13 日南京失守。未久，骄狂的日军沿水陆两路向武汉三镇疾速挺进。随着国民政府撤往重庆的蒋介石发表了“扬子江将有巨战”的讲话。

大战在即，而长沙与武汉只有 300 千米，一旦武汉失守，敌人便会溯水而上，长沙势难独撑。1937 年 11 月，史语所在长沙的驻地多次遭到日军轰炸，一天下午，事先没有警报，大批日本飞机突然来袭，一颗炸弹正好落在我家院中。当时我和妈妈正好留在屋里，由于院中土面疏松，炸弹插在土中，幸好并未爆炸，我们才得以幸免。虽是大难不死，我们一家却着实受到了惊吓，于是父亲想办法搬家，最后我们一家搬去李济家同住。

迁往何处

面对危机，无论是由北大、清华、南开三校刚组建不久的长沙临时大学，还是中央研究院迁往长沙的几个研究所，又一次面临迁徙流亡的历史抉择。

何处是安身之地？长沙临时大学委员会在迁往重庆还是昆明之间摇摆不定。中央研究院院长蔡元培此时正在香港，傅斯年已随着中研院总干事处迁往重庆。在群龙无首的境况中，中研院长沙工作站委员会的几名常务委员，几番讨论未能达成共识，谁也不知道流落何方更为有益。在进退维谷的绝境中，父亲以中研院长沙工作站委员会常务委员的身份与史语所代所长李济共同召集所内重要人员开会商量对策。经过一番激烈争论，总算拿出一个大概的应对策略。许多年后，石璋如在回忆录中记述说："为了此地同仁的安全，不能够留在长沙工作，要再搬家。搬家的地点，目前虽然尚未确定，只有一个先决原则：同仁的家乡没有沦陷的话，就先回家；家乡沦陷的话，可以跟着所走，只是地点未定。若不想跟着所走，也可以自便。决定此一原则之后，就让各组自行商量。"

史语所考古组（三组）经过协商，决定先把个人手头工作尽快结束，全部交付李济主任处再谈个人去留问题。经过几天的紧张忙碌，所有资料全部收集起来，按顺序打包装箱，倘日后有其他人接手，可以按照原来的顺序继续工作，不至于毫无头绪。待这项工作结束后，父亲和李济召集考古组全体人员集会决定个人的去留问题。商量结果是：李济是主任不能走；董作宾专门研究甲骨，安阳殷墟出土的所有甲骨都需要他负责保管研究（当年殷墟发掘时，李济与董作宾有一个君子协定，出土甲骨由董作宾研究，其他出土器物由李济等人研究），因而也不能走；父亲正研究殷墟西北岗出土的器物，同时又是中研院长沙站管理委员会常委，即使走，也要等各所的事告一段落才能走，因而暂时不动。三人皆是中研院的高级委员，又都带有家眷，上有老下有小，真要走也不是一件容易的事。

长沙之别

1937 年 12 月，中研院总办事处发出指示，电令长沙的史语所与社会学所等，设法向昆明转移。据《史语所大事记》民国二十六年（1937 年）十二月条："图书、标本迁昆明者 365 箱，运重庆者 300 箱，运桂林者 34 箱，转运汉口者 2 箱，等运香港者 52 箱，其余 60 多箱暂且转存于长沙。"

李、董、梁"三巨头"无法脱身，考古组的"十兄弟"却要各奔东西了。10 人中老大李景聃是安徽人，家乡尚未沦陷表示愿意回家；老二石璋如是河南偃师人，当时偃师属于尚未沦陷的洛阳地区，因此石璋如也要回家暂住；老三李光宇是河北人，家乡是个偏僻村落，虽未进驻日本鬼子，但他一直负责管理三组的出土器物，因而不能走；老四刘耀是河南滑县人，家乡已沦陷，他自己表示要投笔从戎，到延安投奔共产党抗日；老五尹焕章在安阳发掘之后，被河南古迹研究会留下帮忙，没有到长沙来，也就不存在去留问题；老六祁延霈是山东人，家乡已沦陷，家人已流亡到重庆，他决定到重庆寻找亲人；老七胡福林是河北人，家乡属于最早沦陷的一批，前途茫茫，不知路在何方？只好表示跟着所走；老八王湘是河南南阳人，家乡尚未沦陷，但他年轻气盛，好勇斗狠，属于典型的“愤青”一族，平时经常与流落到长沙的大学生在茶馆、酒肆吃喝，并发表一些“世风日下，人心不古，众人皆醉我独醒”之类的豪言壮语，王湘受当时长沙临时大学大批学子投笔从戎风潮的影响，决定跟着大学生到前线参加抗战；老九高去寻是河北保定人，家乡在日寇的铁蹄下民不聊生，万般无奈，决定与史语所共存亡；老十潘悫被内定为古物押运人员，自然不能离去。这个结果使每个人心中都蒙上了一层难以言表的悲怆、苍凉的阴影。如此一来，在“十兄弟”中除了一个尹焕章原本留在开封外，有“五兄弟”要走，只有四个留下，整个史语所考古组的骨干人员将走掉一半。

去留问题在吵吵嚷嚷中好不容易拍桌定案。天色黑了下来，父亲与李济决定三组全体人员到长沙一家颇有名的酒肆——“清溪阁”举行告别宴会。据李济先生等人回忆：“清溪阁是当地小有名气的湘菜馆兼营面食。门店位于八角亭鱼塘街街口，该店所售‘卤子面’以碎香菇、金钩及海鲜余料为码，且码多鲜味异于其他家，深受食客的欢迎，为各方人士云集之地。”后来清溪阁名声远扬，尤其扬名于海峡两岸学术界，实与此次史语所考古组同仁前来聚会有关，正是有了这一意义非凡的聚餐，才使它有幸在中国文化史中留下一段佳话。

这个晚上，参加人员除李、董、梁“三巨头”和“九兄弟”外，还有几位技工，由于人员较多，一室分成两桌围坐，此时众人情绪都有些激动，菜还未上桌，几个年轻人就开始叫酒。“三巨头”的酒量不算大，如董作宾先生就有“董文抿公”之称，不能喝，李济和父亲酒量也不大，只能勉强应付。而年轻人经常下田野的几位北方汉子，如王湘、刘耀、石璋如、祁延霈等倒有几分豪气，待把各自面前的酒杯倒满，几条汉子就迫不及待招呼开席。

众人端着酒杯站起来。“九兄弟”面色严峻地望着，齐声呼喊：“中华民国万岁！”各自举杯一饮而尽。第二杯酒端起来，众人又呼：“中央研究院万岁！”再次一饮而尽。第三杯酒端起来再呼：“史语所万岁！”又是一饮而尽。第四杯喊：

“考古组万岁！”第五杯呼：“殷墟发掘团万岁！”第六杯呼：“山东古籍研究会万岁！”（该会最早成立并促成了城子崖遗址的发掘，傅斯年、李济、梁思永等都是常务委员）第七杯呼：“河南古籍研究会万岁！”第八杯呼：“李（济）先生健康！”第九杯呼:“董（作宾）先生健康！”第十杯呼:“梁（思永）先生健康！”第十一杯呼：“十兄弟健康！”就这样一个一个地祝福过来，生怕漏掉任何一个他们敬重与珍惜的人。大家推杯换盏,如此这般痛快淋漓地喝将下去,直到酩酊大醉，王湘、刘耀、石璋如、祁延霈等表现最勇猛的“四兄弟”端着酒杯各自摇晃了几下，眼前发黑，腿打哆嗦，一个接一个“扑通”“扑通”倒在餐馆地下，霎时进入了酒场所谓的“默默无语”人事不省的最高境界，从而忘却了明天的分别。没有喝什么酒的胡占奎、李连春吃了菜之后，就将醉酒者带回圣经学校宿舍，打开房门放到床上，次日众人都不知醉后是如何回来的。

石璋如等五人从沉醉中醒来后，各自收拾行装，含泪告别同仁，离开长沙，各奔前程而去。

后来，刘耀、祁延霈、王湘前往延安从军抗日，李景聃、石璋如则各回故乡寻亲人，尹焕章按原计划留在河南看护殷墟，只剩胡福林、李光宇、高去寻、潘悫随史语所相始终，迁往台湾。长沙一别，竟是从此天各一方，音讯茫茫。

经桂林、越南转道昆明

1938 年春，中研院在长沙各所陆续向昆明进发。父亲以史语所临时负责人的身份指挥史语所人员押送 300 余箱器物，先乘船到桂林。在桂林耽搁了一些时间，当时的一元法币相当于两元桂币，当地物价不算贵，大家临时住在饭店里。由于经济上还过得去，所以吃得也较好。之后经越南海防、河内转道，于 1938 年抵达昆明。

一路上，最犯愁的是历次考古发掘的物品，史语所档案中有父亲致湖南教育厅朱经农厅长电文：“存件劳神安置，公私极感。”朱经农回电却有些不客气：“存件无法起运，分别砌入地下室夹墙内，保管员穷极，汇生活费。”

在昆明的艰辛生活

1938 年，梁思永携家经越南海防、河内时所拍的三人出国护照，并以此照片寄给天津的王桂荃

梁思永父女在昆明龙头村，摄于约 1939 年

梁柏有和傅仁轨（傅斯年之子）在昆明龙头村，摄于 1930 年代末

昆明史语所暂租云南大学隔壁青云街靛花巷 3 号一处楼房，我们一家三口也就居住在此。此处离城北门很近，一出门就是乡下了，还有部分人员住在拓东路。由于当时物价飞涨，我们全家度日艰难。母亲不得不在街边摆摊，变卖家中一些较好的衣物。

1938 年 9 月 28 日，日军对昆明的大轰炸开始了。频繁的警报搞得人心惶惶，鸡犬不宁，史语所为了保存明清档案和书籍不受损毁，决定立即搬家，搬到一个既安静又不用跑警报的地方去。此前，石璋如到过城外十几里的黑龙潭旁一个叫龙泉镇所属的龙头村，做过民间工艺调查，并结识了龙泉镇棕皮营村村长赵崇义。棕皮营有个响应寺，石璋如认为此处条件不错，便引领李济和父亲前去观察。待看过后，经赵崇义与镇长商量得到许可，史语所决定迁往龙头村。

我们最初住在龙头村一个人称“王回子”的回民家的粮库中。这是个四合院，李济住在北房，一个姓吴的住在南房，我们全家则住在

在昆明龙头村道旁，女儿梁柏有正在与父亲梁思永闹别扭，摄于1930年代末

梁思永一家三口在昆明龙头村，摄于1930年代末

李福曼母女在仙人掌前合影，摄于1930年代末

房东楼上。

住在“王回子”家的那段日子，没有给我留下太多的印象，唯独有两件事至今难忘。

李济先生是我的干爹，他时常来我们家串门，与严肃的父亲不同，他一见到我总是满面笑容，把我拉到他身边坐下，问这问那，有时还会玩一些小游戏。一次，他问我能不能摸到他的鼻子，我想那还不容易，立即扑了上去，但经过数次努力，终以失败而告终。于是眼泪在眼眶中打转，眼看要落了下来，干爹一看情形不妙，立即从衣袋里摸出一块我喜欢的糖块（当时糖块是稀罕之物，颇受孩子们喜爱），哄得我破涕为笑，与干爹重归于好。

一日父母外出，五岁的我独自留在家中，忽见有人送来一篮红鸡蛋（当地习俗新生儿满月时，要送邻居亲友染成红色的熟鸡蛋，含喜庆之意）。大喜过望的我坐在地板上，剥开蛋皮大吃起来，一连吃了三四个。正在大吃时，父母从外边回来，见状大惊。真是乐极生悲，那次我不但挨了说，而且还挨了打。

住在“王回子”家的那段日子里，晚上在我入睡前，母亲总要为我读一段《西游记》。当得知孙猴子把妖精打败后，我才会入睡。

蓖麻油和“打摆子”

1939年初，傅斯年先生在村长西院的

一块原先种竹笋的地上计划盖五间房子，李济先生在斜对面也有更大的建房计划。父亲和董作宾先生也在响应寺后山墙的后面各盖了几间十分简陋的房子，于是各家暂时定居下来。

李福曼在昆明龙头村，摄于1930年代末

我们家建的两间小屋，内屋铺有地板，为卧室，放置两张大小床后，所余空间无多；外屋为砖地，是起居室。外屋给我印象最深的布置是屋中央放着一张大桌子。每逢我伤风感冒、存食、发烧时（这些情况时有发生），便被叫到桌旁坐下，面前放着一小杯蓖麻油和一块糖，父母坐在一旁，督促着我喝那可怕而且一闻就要反胃呕吐的蓖麻油。经过他们多方劝诱、威胁后，我才极不情愿地憋着气一口喝下，一块糖立即送入口中。整个过程一般要磨蹭十数分钟才能完成。这种情景，令我终生难忘。在龙头村时，我不幸被疟蚊叮后染上了疟疾（俗称“打摆子”），时而全身发热、大汗淋漓，时而又冷得瑟瑟发抖，控制不住牙齿相扣，咯咯作响，十分难受。天气好时，父亲便将我抱到院中，坐在一张大椅子上晒太阳，同时还要加盖两条厚棉被。以后由于吃了治疟疾的特效药金鸡纳霜（奎宁），我的症状才全消，终于结束了那段苦难的日子。

院内还建有一间小厨房和一间厕所。生活暂时安顿下来，一家三口的日子逐渐步入正轨。1940年离开龙头村时，依依不舍地将住了两年的房子留给了当地人。

关于手工业调查的业余计划

龙头村地处城郊，有着许多手工艺人和富有民族民俗文化色彩的制品。瓦窑村有个烧制陶盆粗碗的窑基地，昆明城北门至龙头村沿途，打铜器的、卖玉器的、铸铜佛的、制金器和做镶嵌的，比比皆是。父亲和石璋如先生对此兴致很高，他们组织了一个“天工学社”，成员仅此二人。李济先生同意资助工作经费，但要自行招募社员，于是他们便在工作之余从事了对当地手工业情况的调查。

石璋如先生在龙头村，曾写过题为《考古方法改革者梁思永先生》一文，其中提到了他们的业余计划，包括现代手工业调查、龙泉县的农村调查和西南民族研究。

现代手工业调查

与龙头村毗邻的瓦窑村是烧造盆碗的大本营，史语所副所长的房东，是龙头村村长，亦是每日输送窑货到昆明市的输送队队长。一条一条的陶窑就建在研究所大门附近的山坡上；在昆明北门外转角处，有一家打铜壶的；在文明街的夜市上，有许多卖玉器的，附近还有制玉的小工厂；在另一条街上，有铸铜佛的铺子、做乌铜的商店；还有银匠楼也做金器和镶嵌活计。这些好材料，引起了父亲调查手工业很浓的兴趣，他们组织的“天工学社”工作很勤奋，不断地调查，直到迁到四川李庄后，中央博物院筹备处设有专人负责调查手工业，这个学社才停止活动。

龙泉镇农村调查

龙泉镇虽然是农村，不过由南而北的一条大街上也有商店，这条街是北通韶

昆明龙头村“中博苗艺展会”现场，从右至左：梁从诫（梁思成之子）、李文茂（李方桂之女）、钱大都（钱端升之子）、梁柏有（梁思永之女）、芮宝宝（芮逸夫之子）、庞涛（庞熏清之女）、庞小弟（庞熏清之子）、董敏（董作宾之子），摄于 1940 年春

梁柏有和傅仁轨在昆明史语所门前，摄于 1930 年代末

通的大道，每日有运输马队来往不断。每日一市，逢辰大市，远近货物齐集，尤其山上新产品较多。这同样引起了父亲对农村调查的兴趣。无奈因滇缅路交通吃紧，研究所又要北迁，此调查只得停止。

梁思永一家在昆明公园中，摄于1930年代末

西南民族研究

1939年春，苍洱考古发掘团在大理马龙遗址发掘时，父亲被古物保管委员会派为监察委员前往检查，由于此时父亲对于西南民族各方面的亲身接触，所以对西南民族文化发生了兴趣。史语所西文书库藏有关于西南民族之外文著作不少，父亲在板栗坳卧病期间，在整理西北岗报告之余，取有关西南民族的外文书籍阅读，并做笔记，特别注意他们的生活与生活用具，以做参考。据管理西文书库的王志维先生说，这类书籍已被他读完。不过父亲并没有写出论文，也算是他寻找殷商文化前驱的一支插曲。

在昆明的三年（1938–1940），史语所对大理地区进行的考古调查和发掘，加深了对古代南诏文化的认识。父亲未能参加野外考古，但也不像某些回忆中所说的完全停止了工作。这里的工作环境十分局促，工作室小得不能打开箱子来整理文物。这时父亲的身体每况愈下，却夜以继日地整理侯家庄的考古资料，草拟发掘报告。

苍洱文化

吴金鼎、王介忱夫妇从英国伦敦大学学成归来到史语所后，便参加了“苍洱古迹考察团”，由吴任团长赴大理苍山洱海一带进行史前遗址调查，期间发现遗址12处、墓葬10余座。1939年，吴金鼎、王介忱、曾昭燏等组成发掘队，开始对发现的遗址进行发掘，先后发掘了马龙、清碧、佛顶甲、佛顶乙、中和、龙泉、白云等多处新石器时代遗址、古墓 17 座。经整理研究，他们认为这一地区的文化面貌与中原地区有很大差异，鉴于发掘遗址分布于苍山之麓和洱海之滨，故定名为“苍洱文化”。这一文化的发现和命名,开创了西南地区文化研究的先河，为中国西南部考古奠定了基础。同时，对后来整个西南部地区文化体系的建立产生了广泛而深远的影响。1942 年,《苍洱考古报告》作为中央博物院筹备处专刊在四川李庄得以出版，从而引起了世人的关注。

参加太平洋学术会议

1939 年，父亲的论文参加了第六次太平洋学术会议，题为《龙山文化——中国文明的史前期之一》，向国际上阐述了对龙山文化的深刻见解。15 年后，此文被夏鼐先生誉为“介绍龙山文化的最精辟的一篇论文”。

据石璋如先生的回忆：“史语所在昆明时，梁思永曾抱怨此处的天气不冷不热，搞得人一点进取心都没有，工作情况不佳，四川的天气有冷有热，人会精神的多，也就不会呆钝。”所以，当得知芮逸夫在四川李庄找到房子后，父亲很赞成搬家。按他的想法，或许到了四川就可以提起精神多做一些工作了。

(Reprinted from Proceedings of the Sixth Pacific Science Congress, Volume IV, held at Berkeley, Stanford and San Francisco July 24 to August 12, 1939.)

THE LUNGSHAN CULTURE: A PREHISTORIC PHASE OF CHINESE CIVILIZATION

By LIANG SSŬ-YUNG

THE PURPOSE of this short communication is to bring to the attention of students of Far Eastern archaeology and art a prehistoric phase of Chinese civilization which has aroused a great deal of interest among Chinese archaeologists in the past decade. It is an important forerunner of the historic Yin culture and possesses a group of pottery of surpassing beauty.

CHRONICLE OF DISCOVERY AND GEOGRAPHICAL DISTRIBUTION OF SITES

The first evidence of the existence of the Lungshan culture was brought to light in the spring of 1928 when Dr. Wu Ging-ding, the discoverer, extracted the fragments of thin, lustrous, black pottery which he found in association with stone and bone implements from an intact cultural stratum exposed on the western face of a terrace locally called Ch'êng-tzŭ-yai. The Ch'êng-tzŭ-yai terrace, which is formed partly by the accumulation of the remains of this culture, is situated seventy-five li, or twenty-five miles, east of Li-ch'êng Hsien, formerly Tsinan Fu, in Shantung, on the east bank of a small stream, directly opposite the little town of Lung-shan-chên, which gives this culture its name.

When these finds were sent back to the Institute of History and Philology of the Academia Sinica, the archaeologists of the Institute, especially Dr. Li Chi, chief of the Archaeological Section, realized at once the importance of the discovery and began the research on this culture which in the last ten years has led to the discovery of many sites over a wide area and the accumulation of a considerable amount of material. The following is a brief chronicle of the outstanding events in the pursuit of this research.

1930, fall: First excavation of Ch'êng-tzŭ-yai. The Lungshan culture is definitely established.

1931, spring: First excavation of Hou-kang, Anyang, Honan. The occurrence of this culture in northern Honan clearly recognized.

1931, fall: Second excavation of Ch'êng-tzŭ-yai. Also second excavation of Hou-kang. The remains of this culture is found to be in a stratified relation with those of an earlier and later period.

1932, spring: Excavation of Kao-ching-t'ai-tzŭ, Anyang, Honan. Stratification similar to Hou-kang is found.

Excavation of Ta-lai-tien, Hsün Hsien, Honan. Stratification similar to Hou-kang and Kao-ching-t'ai-tzŭ is found.

Excavation of Hsin-t'sun, Hsün Hsien. Remains of this culture is found beneath a cemetery of a later period.

1933: Excavation of a Lungshan culture site at Liu-chuang, Hsün Hsien.

1933: Excavation of a Lungshan culture site at Teng Hsien, Shantung.

Reconnaissance of southwestern Shantung. A Lungshan culture site is found at Feng-huang-tai, Lin-ch'êng.

1934, spring: Reconnaissance of the southeastern coastal regions of Shantung. Nine Lungshan culture sites are located.

Excavation of a Lungshan culture site at Tsing-tai, Kuang-wu Hsien, Honan.

Reconnaissance of the Kung Hsien region in Honan. One Lungshan culture site is discovered.

1934, fall: Excavation of Tung-lo-tsai, Anyang, Honan. Stratification similar to Hou-kang is found.

Reconnaissance of the districts around the city of Shou Hsien, Anhwei. Twelve Lungshan culture sites are located.

1935, spring: Reconnaissance of northern Honan. Thirty-one Lungshan culture sites are found in Anyang, Wên, Huai-chia, Hui, Shê and Wu-an Hsien.

1936, spring: Excavation of the Lungshan culture site at Liang-ch'êng-chên, Jih-chao Hsien, Shantung. This is the richest site discovered so far.

69

《龙山文化——中国文明的史前期之一》论文第一页，1939 年

思永读

第五章

病榻之上　拼命三郎

你将来如何才能当得起「中國第一位考古專門學者」這个名譽總要非常努力才好

羊街八号和房东罗南陔

1940年10月底，我们全家随史语所迁往李庄。途中由于生活实在困难，我心爱的洋娃娃，以18元的价格卖给了一个富商的女公子，以补贴家用。

美丽的江边古镇——李庄，于葵摄于2009年

一路上虽很辛苦，但父亲精神很好，跑前跑后忙得不亦乐乎。到达李庄后，由于史语所驻地板栗坳在山上，交通十分不便。父亲考虑到当时的身体状况，没有上山去住，而是和李济先生一起在镇上找房子，仅董作宾先生愿意上山和大家同住。所长傅斯年做出硬性规定，不管愿意与否，除李、梁二人外，所有研究人员和技工全部上山，并在山上成立伙食团以解决一日三餐之需。为了便于管理，所有场所和其他住房都保留原来名字，如桂花坳、田边上、柴门口、牌坊头、戏楼院、新房子、茶花院等。

不久，我们一家便住进了羊街八号罗南陔先生家一个单独的小院中。羊街八号一进门，是一个长方形小院，中间有一隔断墙将小院前后分开。院右侧是一排房屋，左侧则为院墙，前院是居室，进门是客堂。堂中安放着一张大圆桌，平时只作为请客用，这张桌子几乎占满了整个空间，客堂右侧卧室为建筑学家刘士能先生一家五口居住。客堂左侧是我们一家的住房，屋子分为大小两间，前面大间为卧室，后面小间为杂物房，光线比较阴暗，环境潮湿，以致我收藏在长条案抽屉中舍不得放的数串小鞭炮，再也放不响了。前院墙角种有一株桂圆树，后院右侧依次为厨房、厕所，沿墙种有花椒树篱，花椒成熟后，可随时供炒菜用。

房东罗南陔先生是读书人出身，时任国民党李庄党部书记，无论从思想上还是眼界上都较当地土著为高。自我们一家三口入住后，双方关系日益融洽。罗家种植了近 300 余盆兰花，先生见父亲身体比较虚弱，还伴有类似气管炎之类病症，就特意在春天来临时命家人把几十盆上等兰花搬到我家院落中，除了便于观赏还可以改善环境，调节空气，这样有利于父亲的身心健康。罗先生喜好文史，与父亲常在幽香的兰花丛中放置两把座椅，两人或躺或坐，一谈就是好几个小时。

罗先生之子罗萼芬当时在同济附中读书，现年已八旬，他还依稀记得 70 多年前的情景：

> 我父亲在当地很有影响，人称“小孟尝”，听说梁思永身体不好，便诚恳相邀：“愚下已叫儿子一家迁到乡间石板田，现已将自家住房腾出一半，打扫就绪，特请先生、夫人前去查看是否满意？”梁思永遂住进我家，隔壁住的是中央博物院筹备处主任李济的父亲，著名词学家李郢客老先生。
>
> 我家室号“植兰书屋”，院子天井里有口大青石缸，缸周围放有二三百盆兰花，幽兰清香，空气好，正适合梁思永养病。
>
> 为了便于管理兰花，我和父亲、继母住在留下的几间屋子里，其余腾给了梁家。房间里两边是窗，窗下一边是张老式书桌，可作为办公用；一边是张老式梳妆台，可供梁师母梳洗之用；中间一张老式大床，一边是一个空着的大书架，可放置上千册书；另一边是一个旧式的食品柜和大衣柜。这样的布置梁家十分满意。

当时在李庄镇郊外上坝月亮田住的伯父梁思成，经常到羊街八号看望我们一家，罗先生与伯父也逐渐熟悉并成为朋友。罗家还从自办的农场菜地中，将新鲜

李庄板栗坳，于葵摄于 2009 年

蔬菜送与伯父家和我们家。在李庄的六年中，梁罗两家这种友情一直保持了下去。

父亲在李庄把家安置在镇上，生活较为方便。由于史语所在板栗坳山上办公，上下山都需爬 500 多级台阶，来回异常辛苦。于是父亲便采取周一上山，在史语所宿舍住，周六回家休息的办法，在镇内家中休息时间为两夜一天。当时父亲身体尚好，工作热情颇为高涨，在山上时不分昼夜忙于工作，虽是研究室内案头的工作，但拼命的程度不减于在田野间。

据石璋如先生回忆：

> 梁先生在昆明时，他骂昆明的气候不冷不热，造成人们不死不活，没有一点进取心。迁四川后，夏天闷热，冬天湿冷，称得上有刺激性。第一个夏天，日间工作之暇，他穿着背心短裤打乒乓球，以保持健康。晚上不但闷热流汗，蚊子又结队来叮，不能工作，只好在戏楼院的观赏台上燃火熏蚊，大家围火而坐，谈天说地，一面用扇驱蚊，一面用扇取凉。烤火摇扇，别有风味。

长江沿岸一古镇——李庄

当时，李庄是一个在地图上找不到的地方。但它是一个具有1800年历史的古镇，也是名扬后世的“抗战时期中国文化四大中心”之一。

李庄镇位于长江南岸，属四川省南溪县（今属宜宾市翠屏区），上距宜宾下距南溪都有25千米路程，为岷江下游的重要码头。镇区为一平坝，全镇东西长5千米，南北宽1千米。李庄地处自古为川南通往滇、黔两省的交通驿道上，号称扬子江头第一镇（宜宾之上不再称扬子江）。镇内外除了有川南风格的民居，另有自明代以来陆续兴建的9座宫殿、18座庙宇，外加2座教堂。其建筑规模称雄川南。在相当长的一段历史时期，曾是川南一带政治、经济、军事、文化中心。正是由于镇内外有了九宫十八庙和郊外一批规模庞大的建筑群落可以租用，才使同济大学和中研院两个研究所以及中央博物院筹备处等共一万余人迁至此地成为可能。

1941年6月初，史语所工作人员携带青铜器、殷墟出土甲骨以及孤本线装书等600多箱国之重宝从昆明迁往李庄（从长沙迁往昆明时，部分器物已转运重庆等地）。途中需经滇黔公路入川，还要翻越山高路险的乌蒙山，渡过著名的赤水等十几条水流湍急的河流，这段路途险象环生，令人心惊胆战，这种情况到达泸州才算告一段落。由泸州再走水路到宜宾，最后到达李庄。

鉴于当时镇内外可以住人的庙宇、殿堂几乎全被同济大学所占，史语所只好搬到距李庄镇四五千米以外的板栗坳落脚。板栗坳位于镇上游五千米处的长江边，在一座形如犀牛脊背的山坡上，山上有两棵上百年的大板栗树，树冠遮阴蔽日可

李庄板栗坳，于葵摄于2015年

李庄保存至今的石板路，于葵摄于2015年

时隔 70 年后，本书作者再次回到李庄羊街，于葵摄于 2015 年 9 月

达数十平方米，板栗坳正是以树得名。

板栗坳离镇中心稍远，而且位于大山山顶。从镇到坳内需经过大片稻田和树林，而且还需爬 500 多级台阶（此处又称“高石梯”），才能到达坳中要去的地方。对于史语所众人来说，这段吃力艰难的攀登，使他们汗流浃背、气喘吁吁、疲惫不堪，不管目的地何在，恨不得立即停下，就地而坐休息片刻才好。登山之难，可见一斑。

自清乾隆年间，来自湖北孝感地区的一支张姓家族便在坳中落户。开始打造宅院，历经数辈，耗银两万余两，用工不计其数，最终形成了由七处院落组成的相互关联的“张家大院”，又名“栗峰山庄”。院中建筑精巧，且大都种有桂花、茶花等木本开花植物，从春到秋花香不断，以花命名的建筑有“桂花坳”“茶花院”等。此外，各院于房前屋后大都种有楠竹，以供制作器皿之用。由于张家大院房舍极具规模，且占地甚广，除当地人生活用房外，还有不少房屋可供租用。因此，史语所能够安排研究和工作人员及家属居住，还有地方放置大批古物与图书等珍贵物品。

李庄镇向西行，一条大路弯弯曲曲通向前方，路边为一脉浅丘，种有橘树和竹子；右侧则是滔滔向东流的长江，沿路大约走 1.5 千米，便可到达一块形状似

梁思永一家在李庄羊街八号院中，摄于 1941 年

梁思永一家在李庄羊街八号院中，摄于 1941 年

木鱼的礁石群，人称“木鱼石”。史语所载物之船，便在此卸货，再运往山上。从此处向上看，有一条小径可通往“高石梯”登山，半山腰处有一棵大黄桷树，可供人们歇脚、休息和乘凉。

可怕的疾病来袭

在李庄，父亲开始着手撰写抗战前殷墟西北岗的发掘报告，并有“一气呵成”之志。这部报告自南京撤退长沙时即开始撰写，父亲一有机会便出示标本，加以整理。在昆明时已将西北岗的全部出土古物都摩挲过了一遍，写下要点，对报告的内容组织也有大致轮廓，完成似乎指日可待。遗憾天不遂人愿，未过几个月，父亲开始患病，实际上他在李庄只完成发掘报告第一章至第七章及二表的初稿。1941 年 7 月，由于贫困的生活状态和恶劣的医疗条件，父亲先是患感冒后转为肺结核病。

就在此时，从北平逃出的三姑梁思庄正准备到成都去复校的燕京大学工作，

梁思永父女在李庄羊街八号院中，摄于1941年

并打算专程到李庄去看望两个哥哥。她在广东丈夫吴家暂住时，收到二哥梁思成从李庄寄来的信。

三姑写道：

> 三哥到此之后，原来还算不错，但今年2月间，亦大感冒，气管炎许久不好，突然转为肺病，来势凶猛，据医生说是所谓 galloping T.B.（奔马痨，一种肺病）。好几次医生告诉我 critical（病情危急），尤其是旧历端阳那天，医生说：anything happen any time（随时可发生意外）。形势异常危急，把我骇的手足无措。其实也因二嫂已病了一年，医疗看护方面都有了些经验，所以三哥占了这一点便宜。He was benefited by 二嫂 experience（从二嫂的经验中受益）。幸喜天不绝人，竟度过了这难关，至6月中竟渐渐恢复常规……

1941年10月6日，父亲给正在重庆出差的李济先生写信汇报三组的工作情况，顺便谈了自己的病况，信中说：

> 一，技术员张曼西君试用期满，成绩不佳，已于上月底辞去。三组绘图员一席又虚悬。请兄就便重庆招考。关于资格，弟意：学历不必限制；年岁在25岁左右或以下，年轻一些好，能绘图兼摄影为上选；绘图以钢笔黑墨画为主（尤着重线条），须能写生兼机械画。三组各报告大致都进行到绘制图版之阶段，此项技术人员之需要甚为急切。如研究所不能供应，工作只好让实君（指绘图员潘悫）一个人慢慢做，何年何月做得完，就无法估计了。三组现积之绘图工作，非少数人短期内所能完成，这次招考，研究所如能取用二人更好。如用二人，其中至少一个须能兼摄影。

二，西北岗器物之整理，本预定10月底完毕。今因上月22日、本月8至10日弟之胃病大发了四次，8日至10日几不能饮食，下山回家调养，耽误约半个月，完工之期又展迟至11月中旬。器物整理完毕之后，即开始继续报告之编辑，报告中统计、制表、编索引等机械工作，拟请研究所指派一专人协助。

从信中看出，此时父亲尚能带病坚持工作，并为撰写殷墟西北岗发掘报告之事操劳不息。但随着冬季来临，父亲肺病再度加重，且来势汹汹，发展迅速，他自称是“闪击战”，极大地威胁到生命。正在这个生死存亡的节骨眼上，傅斯年所长由重庆赶到了李庄。

卧病在床的“拼命三郎”

与李济先生不同，傅斯年所长与梁家并无深交，但当他见到父亲病况后，认为李庄镇内羊街八号的房子虽好，但少阳光，且有些阴冷，这对肺病患者极为不利。经过反复权衡商讨，令人在板栗坳史语所租用的一个院落内专门腾出三间上好的房子，请来当地木工安上地板，钉上顶棚，窗户装上玻璃，打造阳台等等，以便病人搬来后能每日晒到太阳，并可在阳台上做简单的活动。此时父亲已病得不能行动，只得请人用担架抬上山，但上山需要经过500级台阶，为求万无一失，傅斯年所长与伯父梁思成亲自组织担架人员，先由伯父躺在担架上请人抬着在山间台阶上反复试验，出现问题及时解决，感到切实可行后，方请人把病中的父亲抬到板栗坳“茶花院”旁被称作“新房子”的居所治疗休养。

这是一座门朝东开的小院落。三间瓦房从北至南一字排列，屋门皆朝东开，仅父亲住的那间向阳，室外还有一小阳台，也能见到阳光。小院中屋前有一空地，被母亲开辟成一块菜地，种上了成片搭架的西红柿。记得还用人的粪尿浇灌，由于施了肥，西红柿长得又多又大，足够一家人食用。此外还养了几只鸡和一对白兔，母鸡养熟后，一呼便知要米吃，几乎每日或隔日便下一个蛋，父亲便可以吃到新鲜的鸡蛋炒西红柿了。至于小白兔住在地洞中，由于繁殖过快，不断有兔宝宝降生，以致应接不暇，无法照料，只得将它们送往别处。西北墙角土坡上种有一株大石榴树，枝繁叶茂，每逢结果时，又红又大的石榴挂满枝头十分好看。可惜家人都不喜食用，大都送与邻居和朋友。

进入院门，右侧为一间厨房。记得一进厨房门，左边放有一口大缸，一般缸内都装满了水，但水质比较浑浊，用水之前，必须先用一个细身大头的竹筒，大头上有许多小孔，内装明矾，放入水中用力搅动，待沉淀后，上面清水方可饮用。

小院西面，一墙之隔，另有一座院落名叫“茶花院”，院中有两株美丽的茶花树，一株白花，一株红花。开花时，叶片晶亮，繁花似锦，至今回想起来仍记忆犹新。

住进“新房子”后，母亲精心护理着重病的父亲，为他擦身、换洗床单衣服等，犹如一名熟练的护士。饮食方面，更是做些可口有营养和软和的饭菜，并备有专用碗筷和托盘，每次用毕都要认真加以消毒，由于采用这种严格的管理办法，我们母女也就未受到过病菌感染。每天母亲还抽空为病人读一段英文小说或报纸。

由于居住环境大大地改善，饮食也在可能的条件下，尽量做到适合病人所需，经过一段时间的调养，当体温降到 37℃左右，父亲就开始在床上工作了。他在养病期间，在病榻旁放置一张几案，把所需要之书籍、文件、资料放于其上，又特制了一块带有弹簧夹的书写小木板，把纸张夹在木板上，这样便可坐在床上用枕头垫起后背随时书写。他这种精神和毅力令人佩服，终于写成了安阳殷墟侯家庄西北岗考古发掘报告的纲领，共分为十三章、三表。

除了坚持写作，更多的时间是在枕上阅读。史语所的档案里，有四十年代初父亲求购或借阅的一批便条。计有：日文书籍 12 种，《康导月刊》一卷 1–4 期，《康藏史地大纲》2 种，《西昌县志》，刘泽荣编《俄文文法》，商承祚著《长沙古物闻见记》，东方书社出版的《现在西藏》、《蒙古音史》，

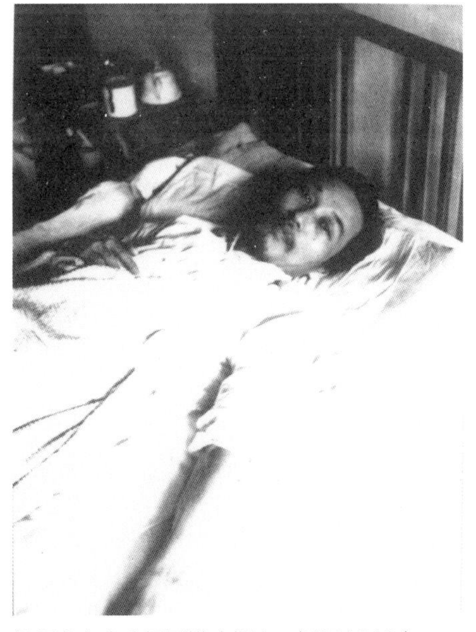

梁思永在李庄板栗坳病榻上，摄于 1942 年

中华自然科学社监印的《西康科学考察团报告四——地理气象组报告》所附名图1份……猜想父亲的阅读动机，当是为1941年的川康古迹调查作准备，只是后因其生病而未能成行。

傅斯年的奔走相助

1941年，考古组主任李济先生兼任中博院筹备处主任，常在山下办公，考古组的日常事务都靠我父亲承担，父亲的卧病对傅斯年所长是一个很大的打击。

傅斯年（1896-1950）

这时史语所与中国营造学社研究人员的生活已十分困难，处于衣食毫无着落，只能靠变卖、典当些旧衣物勉强维持生计的地步。衣物卖尽当光，又该如何？尤其是梁氏兄弟加上病魔缠身，日子更是过不下去，甚至会危及生命。傅斯年所长意识到非有特殊办法不足以治疗梁思永和同样处于病中的林徽因的病症。于是，1942年春天，傅斯年所长向中央研究院代院长朱家骅写信求助。信曰：

骝先吾兄左右：

兹有一事与兄商之。梁思成、思永兄弟皆困在李庄。思成之困，是因其夫人林徽因女士生了T.B.，卧床两年矣。思永是闹了三年胃病，甚重之胃病，近忽患气管炎，一查，肺病甚重。梁任公家道清寒，兄必知之，他们二人万里跋涉，到湘、到桂、到滇、到川，已弄得吃尽当光，又逢此等病，其势不可终日，弟在此看着，实在难过，兄必有同感也。弟之看法，政府对于他们兄弟，似当给些补助，其理如下：

一，梁任公虽曾为国民党之敌人，然其人于中国新教育及青年之爱国思想上大有影响启明之作用，在清末大有可观，其人一生未尝有心做坏事，仍是读书人，护国之役，立功甚大，此亦可谓功在民国者也。其长子、次子，皆爱国向学之士，与其他之家风不同。国民党此时应该表示宽大。即如去年蒋先生赙蔡松坡夫人之丧，弟以为甚得事体之正也。

二，思成之研究中国建筑，并世无匹，营造学社，即彼一人耳（在君语）。营造学社历年之成绩为日本人羡妒不置，此亦发扬中国文物之一大科目也。其夫人，今之女学士，才学至少在谢冰心辈之上。

三，思永为人，在敝所同事中最有公道心，安阳发掘，后来完全靠他，今日写报告亦靠他。忠于其职任，虽在此穷困中，一切先公后私。

总之，二人皆今日难得之贤士，亦皆国际知名之中国学人。今日在此困难中，论其家世，论其个人，政府似皆宜有所体恤也。未知吾兄可否与陈布雷先生一商此事，便中向介公一言，说明梁任公之后嗣，人品学问，皆中国之第一流人物，国际知名，而病困至此，似乎可赠以二三万元（此数虽大，然此等病症，所费当不止此也）。国家虽不能承认梁任公在政治上有何贡献，然其在文化上之贡献有不可没者，而名人之后，如梁氏兄弟者，亦复少！二人所作皆发扬中国历史上之文物，亦此时介公所提倡者也。此事弟觉得在体统上不失为止。弟平日向不赞成此等事，今日国家如此，个人如此，为人谋应稍从权。此事看来，弟全是多事，弟于任公，本不佩服，然知其在文运上之贡献有不可没者，今日徘徊思永、思成二人之处境，恐无外边帮助要出事，而帮助似亦有其理由也。此事请兄谈及时千万勿说明是弟起意为感。如何？乞示及，至荷。专此敬颂

道安

弟斯年谨上

四月十八日

弟为此信，未告二梁，彼等不知。

因兄在病中，此写了同样信给咏霓，咏霓与任公有故也。弟为人谋，故标准看得松。如何？

弟年又白

此信发出 11 天，未见回音，担心重庆方面无能为力或深感为难，情急之下，傅斯年所长召开所务会，想出了一个新的援助办法，再度写信于中央研究院总办事处，满怀挚诚与爱慕之情地历数梁思永功高过人之处，并请其核准史语所做出的决定。原文如下：

骝先先生、院长

企孙、毅侯两兄赐鉴：

梁思永先生病事，兹述其概。十年前，思永于一年过度劳动后生肋膜炎，在协和治愈，但结疤不佳，以后身体逐弱。自前年起，忽生胃病甚重，经两年来，时好时坏。去年胃病稍好，又大工作，自己限期将殷墟报告彼之部分写完。四个月前，即咳嗽，尚听不出肺病声气。上月医生大疑其有肺病，送痰往宜实验，结果是十十十！所听则左右几大片。此次肺病来势骤然，发展迅速，思永自谓是"闪击战"，上周情形颇使人忧虑，近数日稍好。思永之生病，敝所之最大打击也。兹谨述其状。

思永虽非本所之组主任，但其 moral influence（精神影响）甚大，本所考古组，及中央博物院之少年同志，皆奉之为领袖，济之对彼，尤深契许。彼学力才质，皆敝所之第一流人，又是自写报告、编改他人文章之好手，今彼病倒，殷墟报告之进行，一半停止矣。思永尤有一特长，本所同仁多不肯管公家事，或只注意其自己范围事，弟亦颇觉到敝所有暮气已深之感。思永身子虽不好，而全是朝气。至于公家之事，不管则已（亦不好管闲事），如过问，决不偏私而马虎也。其公道正直及公私之分明，素为同人所佩。弟数年以来，时思将弟之所长职让彼继任，然此事不可不先有准备。抗战时，弟在京代总干事，思永在长沙代弟，不特彼所翕然风服，即他所同在长沙者，亦均佩之也（孟和即称道不置之一人）。以后弟在重庆时，曾有若干次托彼代理，其目的在渐渐养成一种空气,俾弟一旦离职,彼可继任耳。彼于代理殊不感兴趣,强焉亦可为之。自胃病后，不肯矣。弟此次返所，见其精力甚好，前计又跃于心中，今乃遭此波折，亦弟之大打击矣。

彼如出事，实为敝所不可补救之损失，亦中国考古学界前途之最大打击也，故此时无论如何，须竭力设法，使其病势可以挽回。此当荷诸先生所赞许也。查敝所医务室现存之药，在两年中可收入二万数千至三万数千元（如照市价卖去，当可得六七万，今只是用以治同仁病之收入，故少）。拟于此收入中规定数千元为思永买其需要之药之用（本所原备治 T.B. 之药甚少，所备皆疟痢等）。此事在报销上全无困难，盖是免费（即少此项收入），而非另支用经费也。此意昨经敝所所务会议讨论通过,敬乞赐以考虑,并规定一数目,其数亦不可太少，至为感荷！若虑他人援例，则情形如思永者亦少矣。以成绩论，尚有数人，然以其在万里迁徙中代弟职务论，恐济之外无他人，故无创例之虑也。如何，乞考虑赐复，至感！

专此

敬颂日安

傅斯年谨颂

四月二十九日

写完此信，傅斯年所长思慎半天，觉得意犹未尽，许多具体的操作细节亦未言明，为了达到最终目的，还需要一点补充说明。于是，在昏暗的菜油灯下，傅氏再次展纸，蘸墨挥毫，做了如下追述：

骝先吾兄：

此函尚有未尽之意。思永是此时中国青年学人中绝不多得之模范人物，无论如何，应竭力救治，彼在此赤贫，即可卖之物亦无之（同仁多在卖物补助生活中）。此种症至少须万元以上。此信只是一部分办法耳。去年弟病，兄交毅侯兄中央医院费公家报销，弟初闻愕然，托内子写信给毅侯兄勿如此办，内子谓："然则将何处出耶？"弟后来感觉，去年之病，谓为因公积劳，非无其理，盖一月中弟即自觉有毛病，而以各会待开，须自料理，不敢去验，贻误至于三月末，逐成不可收拾之势，故去年受三千元，在兄弟为格外之体恤，弟亦觉非何等不当之事。思永身体虽原不好，然其过量工作，实其病爆发之主因。报销即无问题，甚愿兄之惠准也！

专此

敬颂痊安

弟斯年再白

四月二十九日

李庄羊街八号院中，女儿梁柏有站在水池边与母亲李福曼合影，摄于1941年

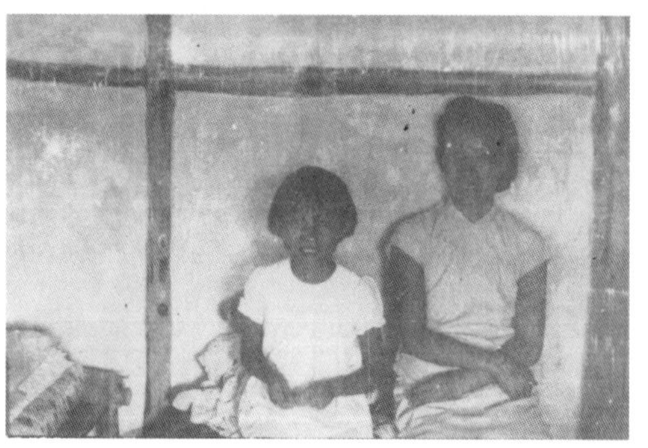

李福曼母女在羊街八号院卧室中，摄于1941年

傅斯年所长在为梁思永及梁思成夫人林徽因请求补助一事，林徽因在一封给傅斯年所长的信中表示他们感谢得不知说什么好的心情，信曰：

孟真先生：

接到要件一束，大吃一惊，开函拜读，则感与惭并，半天作奇异感！空言不能陈万一，雅不欲循俗进谢，但得书不报，意又未安。踌躇了许久仍是临书木讷，话不知从何说起！

今日里巷之士穷愁疾病，屯蹶颠沛者甚多。固为抗战生活之一部，独思成兄弟年来蒙你老兄种种帮忙，营救护理无所不至，一切医药未曾欠缺，在你方面虽固然是存天下之义，而无有所私，但在我们方面感到 lucky（幸运），终增愧悚，深觉抗战中未有贡献，自身先成朋友及社会上的累赘的可耻。

现在你又以成、永兄弟危苦之情上闻介公，丛细之事累及咏霓先生，为拟长文说明工作之优异，侈誉过实，必使动听，深知老兄苦心，但读后惭汗满背矣！

尤其是关于我的地方，一言之誉可使我疚心、疾首，夙夜愁痛。日念平白吃了三十多年饭，始终是一张空头支票，难得兑现。好容易盼到孩子稍大，可以全力工作几年，偏偏碰上大战，转入井臼柴米的阵地，五年大好光阴又失之交臂。近来更胶着于疾病废残之阶段，体衰智困，学问工作恐已无分，将来终负今日教勉之意，太难为情了。

素来厚惠可以言图报，惟受同情，则感奋之余反而缄默，此情想老兄伉俪皆能体谅，匆匆这几行，自然书不尽意。

思永已知此事否？思成平日谦谦怕见人，得电必苦不知所措。希望咏霓先生会将经过略告知之，俾引见访谢时不至茫然，此问

双安

徽因敬上

十月五日午后

傅斯年所长为梁氏兄弟讨来多少钱款，根据查找史料，梁氏兄弟获赠救济款的过程应是中央研究院代院长朱家骅与时任国民政府经济部资源委员会主任翁文灏（咏霓）商谈后由翁找蒋介石侍从室一处主任陈布雷，再由陈向蒋呈报。当年九月，蒋介石从他自己掌控的特别经费中赠梁氏兄弟二万元以示救济。

从傅斯年所长上书，到蒋介石赠款的五个月之间，父亲的病情一直有恶化的趋势，必须随时用药控制。而除了史语所有个医务室和一个被同仁称为“白开水”（据石璋如先生说：“每当同事到医务室看病，这位老哥就说多喝白开水。于是大家便送了他一个‘白开水’的绰号”。）的专职医务人员外，药品不多，要从外部购点药困难重重，傅斯年所长不得已只好打起内部主意，而这个主意产生的后果，正如8月6日傅斯年所长给中央研究院总干事叶企孙的信中所说：“又云

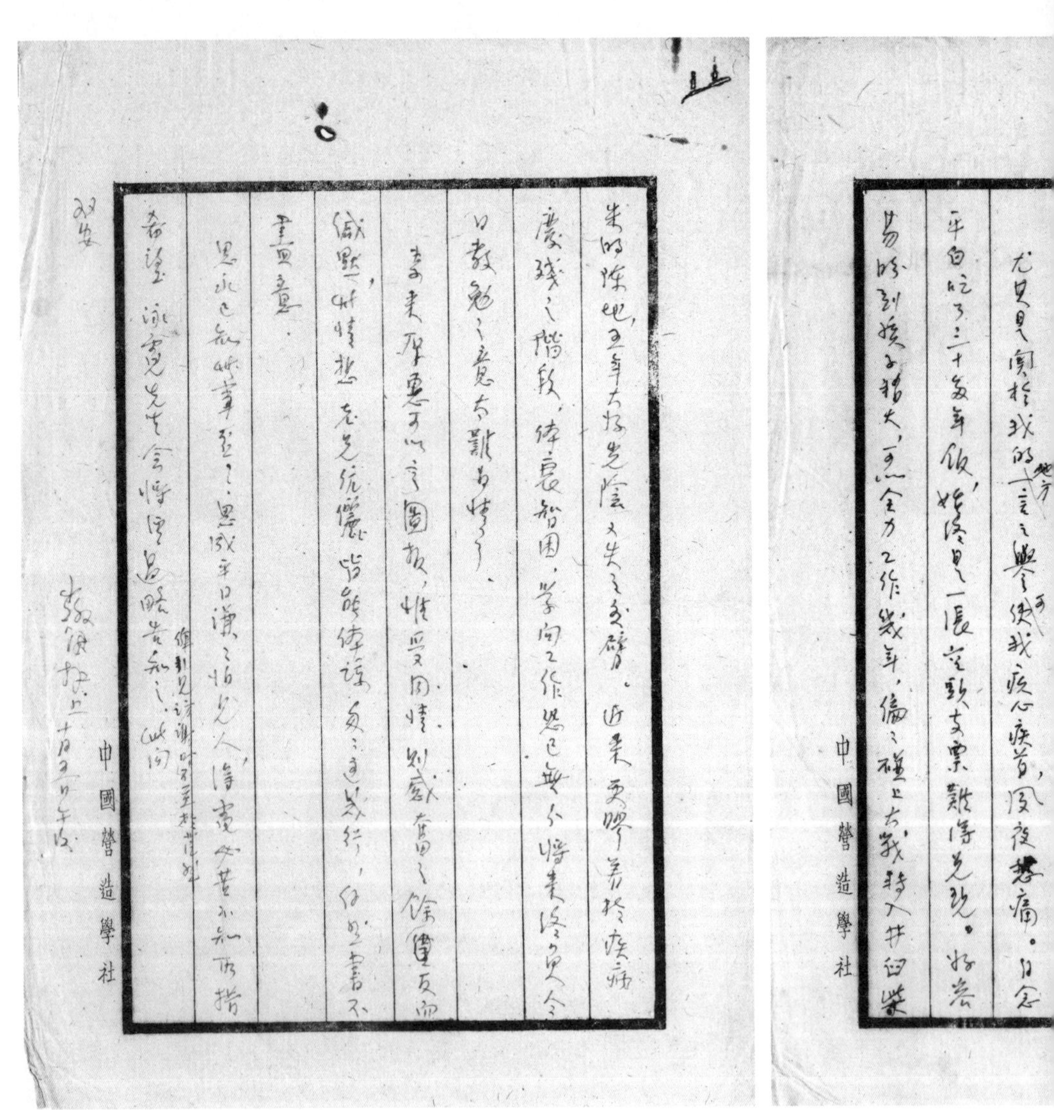
米的阵地，五年大好光阴又失之交臂。近来更胶着于疾病
处残之阶段，体衰智困，学问工作恐已无分，将来终负今
日教勉之意，太难为情了。
素来厚惠可以图报，惟受同情，则感奋之余反而
缄默，此情想先生伉俪皆能体谅，匆匆这几行，自然书不
尽意。
思永已知此事否？思成平日谦谦怕见人，得电必苦不知所措，
希望泳霓先生会将电迳告知之。此问
双安
徽因拜上　十月五日午后
中國營造學社

尤其是关于我的地方，言之可使我疚心疾首，夙夜愁痛。日念
平白吃了三十多年饭，始终是一张空头支票难得兑现。好容
易盼到孩子稍大，可以全力工作几年，偏偏碰上大战，转入井臼柴
中國營造學社

林徽因致傅斯年函，作于1942年10月5日（于葵提供）

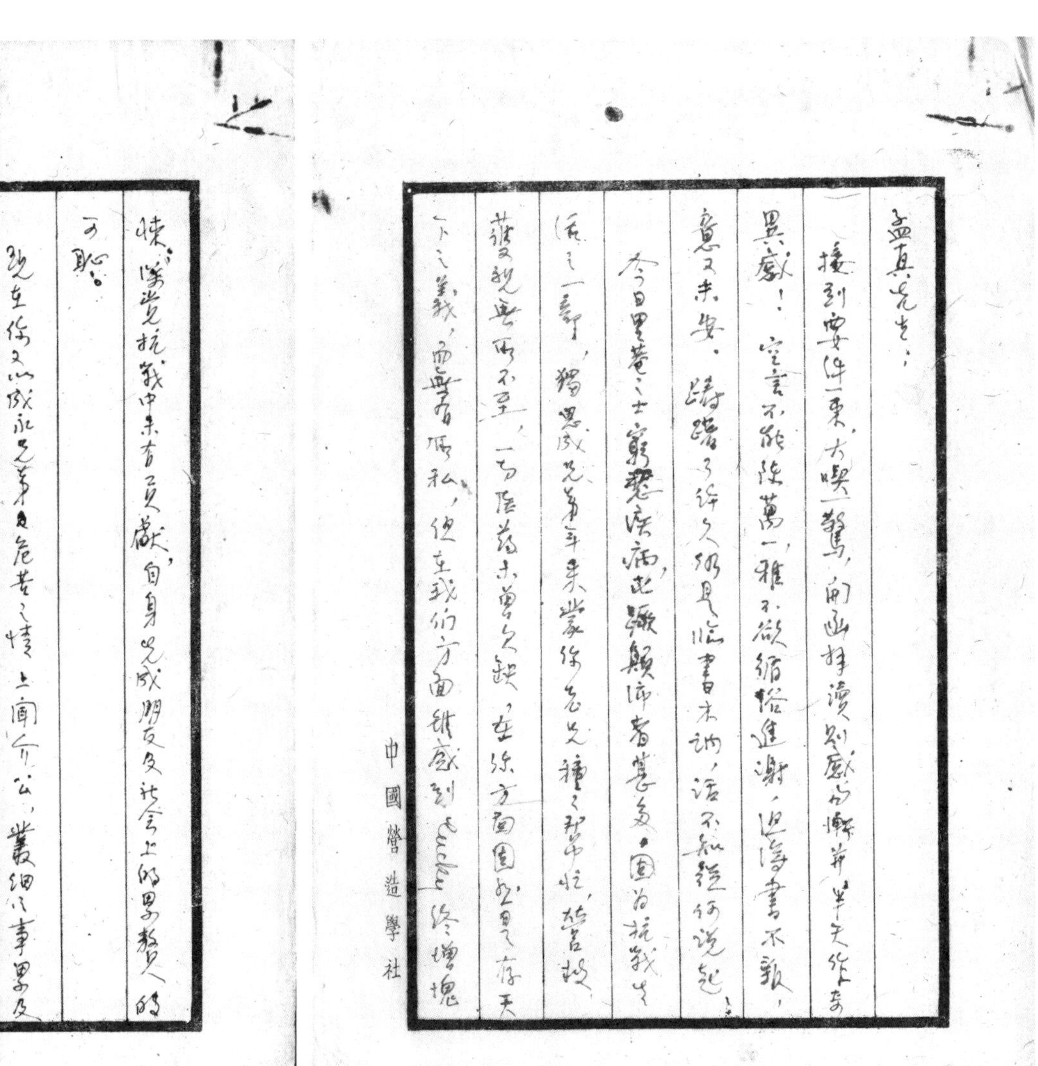

孟真先生：

接到要件一束，大吃一惊，开函拜读，则感与惭并，半天作奇异感！空言不能陈万一，雅不欲循俗进谢，但得书不报，意又未安。踌躇了许久，仍是临书木讷，话不知从何说起。

今日里巷之士穷愁疾病，屯蹶颠沛者甚多，固为抗战生活之一部，独思成兄弟年来蒙你老兄种种帮忙，营救护视无所不至，一方医药未曾欠缺，在你方面固然是存天下之义，而无有所私，但在我们方面虽感到lucky，终增愧悚，深觉抗战中未有贡献，自身已成朋友及社会上的累赘的可耻。

现在你又以成永兄弟危苦之情上闻介公，丛细之事累及

中國營造學社

弟平日办此所事，于人情之可以通融者无不竭力，如梁思永兄此次生病，弄得医务室完全破产。”“为思永病费，已受同仁责言”。又 8 月 14 日信：“本所诸君子皆自命为大贤，一有例外，即为常例矣。如思永大病一事，医费甚多，弟初亦料不到，舆论之不谓弟然也。”

由此可见，为了挽救父亲的生命，傅斯年所长把医务室本来并不厚实的家底，几乎全部倾注在了父亲身上。从而出现了史语所同仁不满和各种舆论的滋生，而傅斯年所长本人也感到进退维谷，颇为恼火。

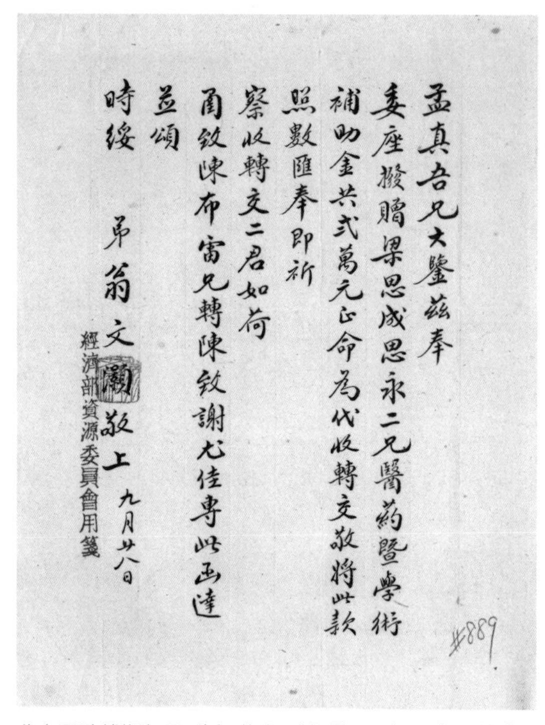
孟真吾兄大鑒茲奉
委座撥贈梁思成思永二兄醫藥暨學術
補助金共弍萬元正命為代收轉交敬將此款
照數匯奉即祈
察收轉交二君如荷
函致陳布雷兄轉陳致謝尤佳專此函達
並頌
時綏
弟翁文灝敬上　九月廿八日
經濟部資源委員會用箋
#889

翁文灏致傅斯年函，告知蒋介石拨赠梁思成、思永兄弟“医药暨学术补助金”二万元并盼查收事（于葵提供）

事实上，在如此生命攸关，刻不容缓的紧急关头，因一个人的病情把整个史语所同仁、家眷所依靠的医务室弄得破产解体，这对全所人员造成的惶恐是显而易见的，舆论对傅氏的做法不以为然，甚至非议也是一种必然。看来，即是在别人眼里手眼通天的傅斯年所长，面对父亲这种特殊的情形，也有点力不从心。幸好此时得到蒋介石赠款，傅斯年所长终于可以松一口气了。

回顾傅、梁二人之交纯属于学者之间正常的交往、互助。在傅这方面，对于一个病重之同仁，绝不能任之自生自灭，只要有一丝希望，一定要为中国考古事业的发展留住这一难得的人才而尽力为之。在梁这方面，只要病情有所好转，必然全力以赴拼命地投入工作中。可谓“君子之交淡如水”。

李庄——留下我童年记忆的地方

我们家是个父严母慈的家庭，父亲虽是重病在身，身心俱疲，但仍担负起做父亲的责任，虽是独生女，但父亲对我的教育却绝不放松。我在镇上的李庄镇中心小学上学，由于读书成绩好，获模范儿童奖状。搬上山以后，便进入史语所办的子弟小学。每天下课回家，还要学英文和背诵古文如《史记》等。有时由于贪玩背不出书来，便得自己将母亲缝衣用的尺子拿来，被床上的父亲重打几下手心。事后还需继续朗读，直到背熟为止。但有时也会因功课完成得及时而受到褒奖。如一次母亲忽然拿来一支小乌龟，作为近日来表现好的奖励，并在龟壳边上凿了一个小洞，索上一根细绳。于是在下课后，我便拎着小乌龟跑到附近稻田去“放龟”。我将小乌龟放入稻田让它漫步水中去扑食游玩，而自己则在田埂上兴高采烈地蹦跳着捉蚂蚱、捕蝴蝶，一人一龟玩得不亦乐乎。但有时也会乐极生悲，一次不小心手被荨麻叶碰到，立即被蜇得红肿起来，又痛又痒，只得扫兴提龟而返。

我从小便爱看书，上山后认识了管图书的那廉君先生。那先生为人和气，尤其是对孩子们有求必应，他深度近视，做事离不开眼镜，他的镜片很厚，像个瓶子底，据说已达一千度。有一次他不慎将眼镜摔在地上，眼前一片模糊，只得蹲下到处摸索，好半天才摸到已被摔破的眼镜。

我得到那先生准许，可以自由进入书库看书。一天，忽然发现书架下方放着许多有着红红绿绿书皮的书，随手抽出一本名叫《红楼梦》的书，对书名颇为不解，十分好奇，便借回家读了起来，不久被父亲发现，不许再看（当时已看得差不多了），命立即还回去，并告知这不是小孩看的书，事后还和那先生说不许女儿再进书库。从此，这种看书的特殊待遇便被迫中止了。但是，在家中《水浒》、《七侠五义》等小说还是可以看的。至此，中国四大名著我已读过三部了（《西游记》、《水浒传》、《红楼梦》）。

抗争病魔，赴渝就医

1945 年 8 月，持续八年的抗日战争终于取得了最后胜利的消息传到李庄，父亲更加急切地盼望自己能很快恢复健康，以便在报告撰写完成后继续参加田野考古发掘工作。

就在这时，他偶然从一本外文杂志上看到一个新的医学成果。即患肺病者，如去掉肋骨可使有病的肺萎缩下来，健康的肺将发挥更大的作用。这个消息令卧病在床饱受病痛折磨长达四年之久的父亲极度的兴奋，他当即决定赴重庆实施手术。征得傅斯年所长同意，在伯父梁思成的帮助下，父亲打算乘船去重庆看病。当时各单位东迁，交通紧张，史语所的档案中有 1945 年 10 月 22 日恳请民生实业公司解决船票的函件："本所专任研究员梁思永君、梁君夫人及医师徐縒言君拟搭乘贵公司轮船由宜赴渝，祈惠予保留官轮铺位三个。"

民生实业公司叙府分公司三天以后复函："贵所研究员梁思永君等三人拟搭十一月一日以后下驶轮船赴渝，立请届时注意本公司门首船期消息牌告，至嘱留位一节，在可能范围内当协助。"

李庄永胜村的李婆婆至今还叫得出我父亲的名字，她回忆说：

> 我们喊他（父亲）"硬人"，他从不出门，天天在家里看书写字，把馒头切成片在炭火上炕一下就吃，后来他得了病把肉炖成丝丝，把馒头掰碎泡在汤里吃。有一天梁先生说他要走了，只要一两个月就回来。他是被抬起走的，铺盖笼到头，滑竿一直平起抬，从"高石梯"抬到李庄街上，大船载到重庆医院，得了肺病肋巴骨都取了几匹。

到了重庆后，父亲住入高唐奎医院，并在著名的胸外科专家吴英凯大夫的主持下切除了七根肋骨，将有病之肺压瘪下去。

抗战之前，父亲只写成了《后岗发掘小记》《小屯、龙山与仰韶》两篇文章。仅此两文就引起学术界广泛瞩目和好评，在当时都认为在中国考古学上是划时代的贡献，使中原史前文化的层位予以确定。

整个抗战期间，父亲的主要学术成绩是撰写了《河南安阳侯家庄西北岗殷代墓地发掘报告》初稿和《西北岗器物研究记录》。这两种著述未能在他生前发表，后来被中央研究院史语所转到台湾。

梁思永致金岳霖函，函中梁思永希望金岳霖为其在美国购买治疗肺病的新药，作于 1944 年 3 月 30 日

思永讀

第六章

时不我待　鞠躬尽瘁

你將來如何才能當得起「中國第一個考古專門學者」這個名譽，須要非常努力才好

全家飞往北平，史语所前往台湾

1946 年,全国性的复原工作开始了。傅斯年所长通过交通部长俞大维的帮助，于 10 月 2 日让我们一家搭乘一架军用飞机飞往北平。此时父亲的身体仍未恢复，只能躺在一张帆布椅上被抬上飞机。身边备有氧气瓶和一些药品，幸好一路平安无事。傅斯年所长以个人名义拍发电报，让时在北平的妻兄俞大绂帮助接机。我们一到北平即由俞大绂等四人抬下飞机舷梯，专车护送到大姑梁思顺家暂住。一个星期后，我们一家搬到东厂胡同的黎元洪旧邸内。因北平气候适宜，医疗条件较好，父亲病情稍有好转，但仍无力赴已复员到南京的史语所工作。

1948 年 7 月 2 日，李济先生由南京致信仍在北平的父亲，除了交代业务上的事宜，还对他致以亲切慰问：

思永吾兄：

考古学报第三册近已出版，拙著《记小屯出土之青铜器：上篇》抽印本，今晨寄到，特航寄一本，送呈吾兄评正。此文于付印之前未能就正于兄，为弟一大憾事，排印期间，校雠数次，仍有脱误。原文尚有数处未做到十分满意，诸祈指正，曷胜盼祷，中篇《锋刃器》已将脱稿。“小刀子”一节拟借用侯家庄材料作比较参考之用，至希惠允为感。又，上篇亦有数处用到侯家庄材料，以为旁证，并希吾兄加认。近日第四期已可集稿。本组同仁，均努力异常，一年以来，不少佳作，此亦穷苦生活中之另一境界也。尊体近日何似？嫂夫人想必康健，柏有读书想必大有进步。自令姊令娴夫人北归后，即未得兄消息，

但心中无日不念也。余不尽，专此并颂暑安

弟李济谨启

此信前半部所言，反映了史语所考古组一项不成文的规矩，即凡田野发掘的出土物或其他发现，主持发掘人有第一研究权，其他人若要在论文或报告中使用，需征得对方同意。因父亲在安阳殷墟主持了这一遗址的发掘，故李济先生利用这一批出土材料著文，就需按规矩取得他的认可。

同年8月5日父亲回信。

济之我兄：

考古第三册抽印本和里面附带的信收到了，多谢。大著已拜读过，佩服佩服。偶有鄙见与尊说不尽合之处，也只是彼此看法上稍有差别，且多涉及枝节问题，无关重要，他日会见时再当面请教。侯家庄材料请兄随便使用，三组工作兄所领导，何须如此客气。

弟五月底入协和医院，住院十二日。检查身体，结果是右肺健全，左肺压塌状态良好，胃肠透视都没有发现毛病。除了气管里的结核病灶可能尚未痊愈外，可以说没有病了。不过身体经过这几年跟病菌斗争之后，真有如战后的英伦，虽然战胜敌人，但元气销蚀殆尽，就要恢复到小康的局面，也万分困难。为了肃清气管里病菌，现正试用链霉素，已注射了六十三克，似颇有效，预备再注三十七克就停止。

弟近间起坐之时已加多，且能出到院中行走。只可恨注链霉素后发生头晕现象，走起路来摇摇摆摆，不很稳当。看情形秋后大概可以开始做点伏案工作。欲想趁机整理两城报告。不过在这动荡不定的大局中，把珍贵的稿子拿到北方来，又觉不甚妥当。盼兄分神考虑考虑这问题。内子小女托庇粗安。

即此顺祝暑安。

嫂夫人、光谟统此问候。三组同人，见面时祈一一代候。

弟思永拜上

四八年八月五日

这是父亲在生命暮年，与史语所迁台同仁最后一次通信，信中流露出彼此的学术情谊、相互尊重以及对各自在研究工作上的良好愿望。

1948 年 9 月 23 日至 24 日，“中央研究院成立 20 周年纪念会暨第一次院士会议”在南京北极阁举行。作为共同当选人文组院士的梁家兄弟，伯父梁思成出席了会议，父亲因身体原因未能出席，仍在北平养病。

1948 年 12 月底，国民党败局已定，军政人员开始向台湾大举溃退。根据蒋介石密令，由朱家骅、傅斯年亲自指挥，中央研究院史语所大部分人员如李济、董作宾、石璋如、高去寻等，携带所内保藏的青铜器、甲骨、玉器等珍贵文物，连同大批孤本藏书，由李济任总押运官，乘军舰与货轮撤往台湾。未久，傅斯年也离开南京赴台北，出任台湾大学校长兼史语所所长，整个史语所留在大陆的仅有父亲、夏鼐、郭宝钧、吴定良等几位先生。

就任科学院考古研究所副所长

1949 年 6 月，新中国成立前夕，父亲曾给夏鼐先生去信邀约他火速来京，已便处理史语所的事情。信的内容如下：

作铭我兄：

久违了，现在平京沪和贵处都已解放，你似乎不该再隐居家乡了。我们都盼望你赶紧出来工作，我先大略报告中央研究院史语所北平图书史料整理处情形：年初北平将围城时史语所决定放弃图整处（已拨来遣散费），当时北平负责的汤锡禹先生，因恐员工遣散后无人照管图书房舍，向京教部请允将中研院图整处的员工名额拨归北大，由北大组织一保管委员会负保管之责。围城期间幸有北大保管得以避免国民党军占用房地，且能继续图书整理编目工作。三月初旬此处由北平军管会、文管会正式接管后，又恢复了原来的招牌，脱离了北大，人员工作原封不动，连保管时期的五人委员会都仍旧，只把主任的名字由汤用彤改为梁思永。现时在图整处支薪者有研究员一人，助理研究员一人，助理员二人，事务员三人，书记二人，工人三人，院警三人，共

夏鼐（1910-1985）

十五人。全体职（员）都做的图书馆工作，毫未进行任何研究（弟一人读考古学有关的书是不能算的），跟所挂的招牌不符，迟早要发生问题。果然四月里就听到了有人打图整处主意的话——五月底华北大学真的来借了我们一处房屋——不过那时被解放的中研院研究员只弟一人，一个残废对于需要奋斗的局势是没有办法的。四月底解放军渡江，进展神速，弟心中就有了一种如何保存史语所大陆上残余的这点事业基础的计划。五月初平京通电，弟即电陶孟和先生问史语所情形，十七日得丁格梓兄信表示愿意北来。在几天试探之后，二十六日正式书面向北平文化接管委员会（六月一日起改组为华北高等教育委员会）提出请求在台湾解放史语所复员前，将各地解放的和出国进修即将回国的研究人员集中北平，利用图整处图书设备工作。目前已得高教会复函同意所提办法。弟已函格梓兄急速北来。彼来后，此处原有的三个助理有了指导的人，语言研究工作可以稍稍展开。闻马学良兄也在京，可惜已就任东方语言学校，不然如果也能北来，语言组更强些了。北平图书藏有一批现成的录音材料，弟还希望他能来。历史方面傅乐娱兄今夏或将回国，弟已托张苑峰兄致函请其速来平工作。又闻此间各方面都在进行邀请陈寅恪先生回北平。如陈先生果然回平，自然还是回清华，历史方面有他老先生主持，诸事都好办了。考古方面虽弟在此，但实际是废物一个，所以热盼兄北来主持这部分工作。兄此时应“出山”是不成问题的。问题在出来后是在南京还是来北平工作。兄留京工作的理由弟可以想到两个：一照顾史语所全所的利益，二西北采集的材料。如第一个理由确有需要，弟也赞成兄留京的，因为照顾全所是不应疏忽的。不过兄宜注意留在大陆上和国外要回来的史语所研究人员为数不多，如分在平京两处，力量不集中，两处都不稳当，风雨飘摇的局势是有碍于工作的开展的。而工作的开展是史语所继续存在的主要条件。至于西北材料，如兄已整理完毕，照相画图都有了，到北平来写报告总比在南京强，有书可参考。如尚未搞完，不知能否在短期内完工北来，如需要时间太长或设备不够，不知可否暂时搁置。弟之热盼兄来北平主要的原因是共同维护史语所这点根基。台湾解放不知何时，图整处如长此耽搁，在目前这种不生不死的状态中，大有被并吞消灭的可能。另有一原因是北大汤锡禹先生有办考古专修科（二年毕业与图博二专修科平行）意，跟弟已谈多次。弟对这事自然大有兴趣，且愿意对课程的计划贡献点意见，但对自己的体力太没有把握，而且卧病多年学业荒疏已甚，准备功课必极吃力，所以没有敢肯定的应承。如兄能在秋季开学前到平，且对专修科有兴趣，弟则替兄草拟个课程计划，以便暑期内随向大学其他各单位招生（拟招生约十五人），候兄到平后再修改作最后决定。此事之能否实现，大体系于兄之能来与否。兄见此信后请即快函（如肯破费打电更好）示知尊意。又如兄能北来，弟对田野工作也有个企图，如兄能北来或可实现。总之，急盼北来。如兄个人来平住屋吃饭都不成问题，如家眷同来则请兄先期通知以便准备住所。至于待遇，此间薪酬新近调整，依弟估计兄可月得千斤以上（正职研究员每月八百至千三百斤小米），除发给九十斤粮食外余皆折成人民币（六月小米一斤合五十元），四口之家可以生活。不过有一层，北来旅费大概需兄自筹，不知是否有太大的困难，这真没有办法。高晓梅兄去年年底去台前曾有信给我说时局变到某程度他就打算转到贵处暂住，如他已在兄处，就请约了他一道来平。

弟身体年来确稍有进步，起床时间已转长，一口气也能走一二百步，可以开个两三个钟头的会，但仍十分衰弱，真正用心用力的事是干不了多少的，残废的命运似已确定，往后只能替诸兄打点小杂而已。来，来，赶紧来。即此敬颂著安。

弟思永拜上

四九 六 二十

梁思永与中国科学院考古研究所全体同事合影（前排拄杖者为梁思永），摄于1950年代初

1949年北平解放后，父亲非常兴奋，准备结束长期的蛰居修养生活，出来做点力所能及的工作。

1950年8月，父亲以他在考古学界巨大的影响力，被新生的人民政府任命为中国科学院哲学社会学部考古研究所副所长，郑振铎先生任所长，夏鼐先生亦为副所长。从此，父亲以病弱之躯为新中国的考古事业鞠躬尽瘁，直到生命最后。

尽管父亲身体虚弱无力，不能从事田野考古，却是有力的学术带头人，在家中筹划考古所的田野发掘，指导室内研究。考古所的设置计划都是在他参加下制定的。他在病榻上主持考古所日常工作时，习惯把纸裁成很多小条，把每天要做的事和工作上的问题写在小条上，逐条解决处理。由于郑振铎先生还兼任文物局局长，这个新建的考古所的工作重担主要都压在了父亲身上。但他还能有条不紊地指挥一切，这也充分显示出他的业务水平和组织才能。

据夏鼐先生回忆："（梁）在考古所成立后初次看见我时，便很兴奋地谈着关于考古研究所的计划。他说：'所中一切事情都由郑所长和你来管好了。只希望你和所中具有田野工作经验的几位，带着一班年轻朋友们，在外面多跑跑，训练年轻的人才是目前最迫切的任务。这种训练是需要在当地实际工作中亲手指点的。'

因此，我到所后一年半中的大部分时间是在外地工作，没有多替他在所内分劳。”

自 1950 年秋开始，考古所人员几乎全体出动，在夏鼐先生的带领下，先后对河南辉县琉璃阁和赵固、北泉等地的东周遗址进行了大规模挖掘。发现车马坑数座，出土了大量青铜器物。也就是在这一时期，各地基本建设全面展开，几乎每天都有地下文物出土，而专业考古人员短缺，难以应付四面开花的新局面。父亲不仅在家中主持考古所的日常工作，同时还考虑到考古人才培养的问题。为有效抢救、保护地下文物和古代遗址、遗迹，1952 年至 1955 年，文化部、中国科学院、北京大学联合举办了四届考古工作人员训练班，号称文物考古界的“黄埔四期”。父亲对这项工作表现出极大的热情，从教学人员配备、课程设置以及实习选点等细节问题，都做了认真建议和安排，为此付出了大量心血。来自全国的 341 位文物干部接受了培训，并很快成为各地区的业务骨干，许多人后来成为文物界著名的专家。同样是为了适应新形势的需要，北京大学历史系于 1952 年成立考古专业，父亲带病给予支持并参与筹划，为新中国考古学人才培养奠定了坚实基础。

梁思永在家中庭院，摄于 1950 年代初

许多年后，1952 届的北大考古专业毕业生在回忆往事的时候，总是念念不忘父亲的开拓之功。据当时刚进所的研究生，后来成为著名考古学家的安志敏先生回忆：“从我们到考古所那天起，（梁）便给我们布置

了必读书目和学习计划，每周还要填表逐日汇报学习和工作情况，并经常同我们谈话，以便做更深入的了解。从治学方法到思想修养无所不包，以督促和爱护的心情帮助我们克服思想上和学习上的缺陷，为考古研究所培养了一批新的骨干，这使我们终生受益匪浅。……令人难以忘怀的是，我为训练班和考古专业所准备的讲稿，事前都经过梁思永先生的审阅和批改，不妥之处也一一注出，表明他对于干部培养工作是何等严肃认真。”

梁思永与李福曼在家中庭院，摄于1950年代初

梁思永与李福曼在考古所院内花园中，摄于1950年代初

父亲还曾为撰写《辉县发掘报告》的青年考古学家做具体辅导，并在病榻上用钢笔在便条纸上写成了两篇文章的草稿，作为发掘报告的参考提纲。其中第一篇《殷代陶器》是以考古学家李济先生编辑的《殷墟陶器图录》为基础，对商代陶器的质料、器形、制法、纹饰做了深入的分析，并剔去了图像中所收的龙山陶器。提纲挈领，易于了解，是研究商代陶器的第一篇重要论文。此文已在1988年第2期《考古》上发表。第二篇《考古报告的主要内容》，其主要内容包括调查发掘、人员组织、对遗址和遗物的描述以及结语和附录的要求等，都做了具体的规定，对编写考古报告具有很大的指导意义。原想整理成考古方法的论著发表，遗憾未能实现。同时，他在病中还断续地翻译了蔚尔哈特著的《叶尼塞河流域的青铜器时代》。这篇十余万字，关于西伯利亚的原史的论文，同中国殷墟

的对比分析有密切关系。前面这两篇文章让当时的青年工作者和学生们从中受到了不少教益。

1990 年，安志敏先生将父亲《考古方法的论著》这篇遗作发表在《文物天地》杂志上，并写了很有感情的附记：

> 本文为我国著名考古学家梁思永先生的一篇遗作。1950 年中国科学院考古研究所成立伊始，便派遣大规模的考古发掘团在河南辉县琉璃阁和固围村进行考古工作。1951 年和 1952 年又分别在琉璃阁、赵固、百泉和褚丘等地进行发掘。当时的一些青年同志由于初次参加考古工作，并面临着如何编写考古报告的问题，先生始终给予指导和关注。我多次聆听过有关谈话，在我个人的学习和成长过程中深受裨益，就记忆所及，其精神要点和手稿一致，表明这是先生深思熟虑的精心之作。

父亲在生病卧床的十数年间，对于使之全身心投入的考古事业，时常流露出“无论如何也要奋斗下去”的

梁柏有在黎元洪大总统府邸的围墙上，墙外是王府大街，摄于 1950 年代初

梁柏有在通往梁思永日式建筑居所假山石旁的台阶，摄于 1950 年代初

决心。安志敏先生回忆说：

病弱的梁思永在屋前石砌平台上休息，时值春末夏初，他仍穿着薄棉上衣，摄于1950年代初

> 梁思永先生对中国近代考古学所做的杰出贡献，通过他的工作和论著，已为人所共知。这里需要补充的是，他对中国考古学人才的培养所做出的重要贡献。我国老一辈考古学家，像已故的夏鼐、尹达、郭宝钧和尹焕章等人都在历次殷墟发掘中受到梁思永先生的熏陶和培育，并为新中国考古事业的发展，做出积极的贡献。目前留在台湾的石璋如、高去寻等人，也是殷墟发掘的参加者，并将有关资料的整理和研究成果，陆续公之于世。

梁柏有身后是他们所住的高石台上的日式建筑，摄于1950年代初

三口之家

五十年代初，由于哲学家汤用彤先生从东厂胡同院中迁往西郊北京大学任校长一职。他原来位于考古所后院花园中的居所，经领导考虑，分给父亲居住。这是一处位于高石台上的日本式建筑，房屋坐北向南，进门有一间小过厅，墙上安装有一部电话。过厅往左（向西）是两间卧室，为套间式，里间是父亲的卧室兼办公室，外面一间放了一张大床，为我们母女二人所住，前往父亲卧室必须经过此间。小厅往右（向东）的两间是起居室和饭厅。连接饭厅向南（正房东侧）还有一间小厨房和厕所。屋前有一石砌平台。每逢天气好父亲在休息时，他会走出

屋门在石台上拄着拐杖散步或在躺椅上休息。石台周围堆砌有假山石和石台阶，山石间还点缀了一些花木。居住条件改善对父亲的健康大有好处。此时父亲的身体已极其衰弱，十分怕冷，春末夏初时他仍身着一领厚布长衫或一薄棉上衣以此度过整个夏季。

这时的父亲将全部精力投入考古所的日常工作中，母亲则全心全意地照顾着他，密切注意他病情的发展。由于就医看病困难，她还学会了进行肌肉注射和一些简单的医疗处置方法。每日除在饮食上做一些适合口味的饭菜外，还需帮助处理来往信件，接听电话，接待客人，休息时还为父亲读些书报等。为了父亲的工作和健康，她放弃了自己的事业和所有休息和文娱活动，始终守在他身旁，她是他的“柴米夫人”、“家庭医生”、“特别护士”、“业务秘书”，在父亲的成就中，浸透着母亲的全部心血和整个青春！

这时我即将中学毕业，面临着考大学的抉择。父母亲都很忙，没有时间坐下来和我谈谈。一日我突然宣布，我想学医，原因显然是父亲常年生病之故。父亲点头表示赞同。不久，清华大学举办校友返校活动，我代父亲参加，并参观了各教学楼内之展览。当到达生物楼楼上时，忽见一只大狗被开膛破肚，内脏全部暴

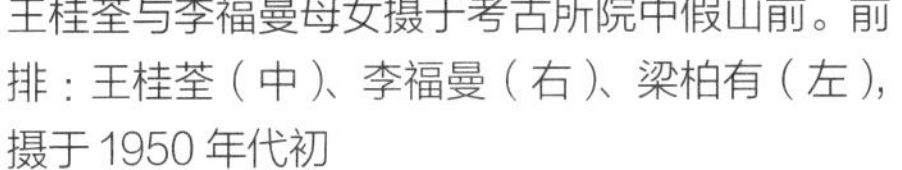

王桂荃与李福曼母女摄于考古所院中假山前。前排：王桂荃（中）、李福曼（右）、梁柏有（左），摄于1950年代初

李福曼母女在居所前，摄于1950年代初

露在外，鲜血淋淋，心脏还在跳动着，并用一根小棍连着在墙上显示出心脏跳动频率的曲线图。从未见过这种情景的我大吃一惊，感到有点受不了。回到家中，考虑再三后，告诉父母："不想学医了"。对于此事，父亲并未责备我，而是随我的意愿。这一方面是因为父亲当时已无过多精力考虑我的学业，另一方面却是父亲秉承祖父梁启超对待子女的学业"只有诱导，绝不强迫"的家教。所幸我平日学习成绩较好，从不用大人操心，初中保送进高中，考大学一事只管听其自然便好。

梁思永在中关园养病期间，摄于1950年代初

壮志未酬，与世长辞

1953年初夏，父亲身体极度衰弱，时常头痛、心悸，病情有所加重。领导给假半年，让他在家好好休养。此时三姑思庄便接他到北大宿舍中关园96号她家中，这里环境幽静，空气清新，很适合病人疗养。父亲在这里生活得很愉快。

梁思永与李福曼在中关园葡萄架下，摄于1950年代初

同年9月，父亲的病再次加重，经上级领导劝说便完全停止了工作。休养四个月后病情减轻，但仍头痛失眠，心悸气短。1954年2月23日，父亲再次入院检查，他对人说，只恢复到普通人一半的体力，就心满意足，可以继续工作了。然而令人遗憾的是，这次他却未能再次从医院出来。

梁思永与女儿梁柏有在中关园葡萄架下，摄于1950年代初

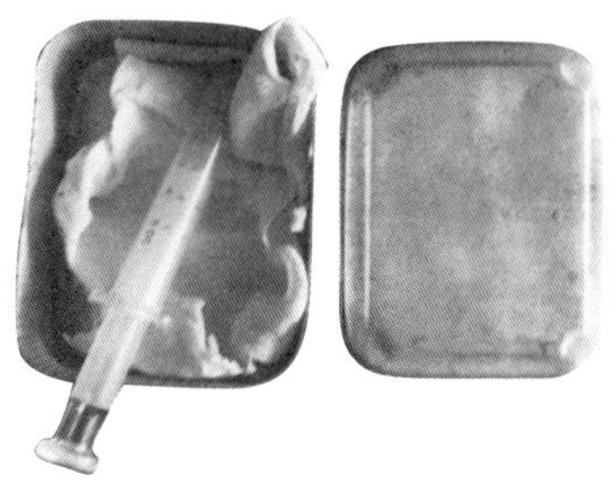

梁思永生前的毛衣、剃须刀与注射器

1954 年 4 月 1 日，医院通知病危，我被派去接刚回手帕胡同家中的祖母王桂荃，老人立即坐三轮车赶往医院，父亲对祖母说：“娘，我恐怕不行了。”

祖母说：“别瞎说，娘还等着你给娘养老送终呢。”

不久他又对家人说：“我不再奋斗了，我奋斗不了啦，我们永别了。”

1954 年 4 月 2 日，父亲由于左肺完全失去生理功能，并有严重的心脏病，经医治无效，在北京人民医院与世长辞，享年尚不满 50 周岁。中国考古界一颗巨星陨落，科学界同仁无不伤感痛心。父亲的遗骨被安放在八宝山革命公墓，由伯父梁思成亲自设计的汉白玉卧式墓碑上刻有郭沫若撰写的墓志铭：

中国科学院考古研究所副所长梁思永先生之墓

一九〇四年十一月十三日生，一九五四年四月二日卒

郭沫若敬题

郭沫若为梁思永撰写的墓志铭

许多年后，有人认为郭沫若如此题刻，是对这位学术巨人的不敬。父亲的成名来源于他对中国考古学所做出的重大贡献，他的业绩是凭借一个考古学家的身份创造的，绝非“考古研究所副所长”这样一个官僚职位可以概括。失去了考古学家的头衔，梁思永便不再是人们心目中崇敬有加的梁思永，也不是1948年当选为首届中央研究院院士的学术大师梁思永，而只能是宦海浪潮中，一个整日战战兢兢的刀笔小吏。

早在1927年2月，伯父在美国致信祖父，对自己和父亲所学专业于国家民族进步，提出了到底是“有用”还是“无用”的询问。对此，祖父梁启超作了斩钉截铁地回答：“这个问题很容易解答，试问唐开元天宝间李白、杜甫与姚崇、宋璟比较，其贡献于国家者孰多？为中国

李福曼携女儿梁柏有、外孙女陈冰、女婿陈国美（后排从左至右）到八宝山扫墓，摄于2002年

96岁高龄的李福曼前往八宝山为梁思永扫墓，摄于2003年

文化史及全人类文化史起见，姚、宋之有无，算不得什么事。若没有了李、杜，试问历史减色多少呢？”又说：“思成所当自策励者，惧不能为我国美术界做李、杜耳。如其能之，则开元、天宝间时局之小小安危，算什么呢？”父亲与伯父的确没有做成近代的李、杜，但却用自己的辛勤劳动和智慧构筑起前无古人的丰功伟业，成为近代田野考古学与建筑史发展中坚定、勇往直前的开拓者之一。其对中国乃至世界文化史的贡献，怎是一个小小的副所长的官帽所能涵盖得了的？只有作为中央研究院院士兼考古学家的梁思永，他的田野发掘成就及学术研究对中国考古学界显得极为重要，才令一代代学人景仰怀念。父亲的墓志铭，必须在姓名前加上“著名考古学家”或相应的学术头衔，或镌刻象征他学术业绩的标志性术语，才显得对逝者的公正与恰如其分的评价。

《梁思永考古论文集》，科学出版社 1959 年版

关于副所长之称，另有一种说法，在 20 世纪 50 年代初期，学术界并不视所长、副所长为官职，而是相当高的学术地位，因为当年是由周总理亲自任命所长、副所长。这些人都是学术界的顶尖人物，基本上与学部委员相当（此为社科院考古所研究员王世民先生的看法）。

父亲去世后，他的著作被编辑为《梁思永考古论文集》，1959 年由科学出版社出版。考古界李铁城先生作诗一首《怀念梁思永先生》：

风雨沧桑五十年，　欣逢周日忆前贤。
荒原踏遍寻真迹，　黄土掘开探本源。
赫赫卓识惊海内，　煌煌业绩照人寰。
秋风雁去依然是，　铁马高囱换壮颜。

思永读

第七章

斯人已去　传承怀念

你将来如何才能当得起

「中国第一个考古专门学者」

这个名誉总要非常努力才好

来之不易的殷墟发掘报告

父亲去世前，对前来看望的考古所同仁简单回顾了自己一生的事业，既有欣慰也有遗憾，最令他牵挂惦念的仍是殷墟侯家庄西北岗墓葬发掘报告的命运。他去世后，夏鼐先生在纪念文章中专门提及此事："1941 年我在李庄和他（梁）会面时,他正工作得非常起劲。他将全部的出土古物,都已摩挲过一遍,并写下要点。对于报告的内容组织，也已有了大致的轮廓。这报告的完成，似乎是指日可待了。不幸 1942 年初夏，他的肺结核病转剧，只好将这工作中途停止了。但是他仍念念不忘这件工作。"追忆至此,夏鼐不无遗憾地说道:"抗战胜利后,他复员到北京,这批材料留在南京，解放的前夜又被劫往台湾去了。这部报告不能在梁先生手中完成，不仅是先生的不幸，也是中国考古学的不幸。"

此时的夏鼐没有想到，这批材料被运往台湾后，在他的老师李济先生具体组织下，重新启动了编撰程序，由当年参加殷墟发掘的考古学家高去寻主持此事。

父亲去世后，与高去寻先生一同随史语所赴台的石璋如先生回忆道："梁先生兴趣宽广，注意力强，并积极从事，惟身体被病魔所缠，不能发挥，殊可浩叹。1954 年夏，在日本某刊物上，刊出梁先生逝世的消息，这个噩耗传到台湾，使得这里的考古学界、关心考古的人士以及知道梁先生的其他学者，莫不为之哀悼。"

受父亲不幸病逝的刺激，史语所所长董作宾先生决定在台湾完成父亲未竟的事业，以便对安阳殷墟发掘的同仁与中国学术事业有个交代。董作宾先生、李济先生等人商量后，决定由高去寻先生对照实物资料，全力以赴辑补父亲遗稿，使其成为完璧。董作宾先生与李济先生已正式把高去寻先生当做父亲衣钵传承人加以看待和要求，此点从李济先生给赵元任先生的信函中可以看得分明。函中说：“他（高去寻）进所虽不太早，但曾赴安阳发掘，为思永所赏识。现在他整理侯家庄的工作及思永遗著，成绩甚佳。在考古组内中国书读得最好，英文及日文的阅读能力亦不差，现在日本的梅原末治教授来此，对他的渊博甚为敬佩。孟真在时久有送他留学之意，以时代非常，屡遭挫折，只能怨命了。此次能有成功的希望，亦算我们完成了傅公一未完之愿也。”此信作于 1956 年底，是李济先生请当时任教于美国加州大学伯克利分校的旧同事赵元任先生设法安排高去寻先生赴美访问的私人信函，当时高去寻先生已经接手父亲遗稿的整理辑补任务，因美国方面又有可能提供高访问的机会，作为前辈的李济先生和赵元任先生自然想“完成傅公一未完之愿”，遂有了这封通信。此信过去一年半之后高去寻才得以成行，此时他已 48 岁了。

1959 年秋，高去寻先生结束了美国访学生活归台，正式对父亲的遗稿进行整理和辑补。高在“辑补后记”中说这部报告“在病前已写成第一、二、三、四、六、七各章的初稿，共约二十二万言，表一、表二也已完成，第五、八、十至十三各章及表三未能写成。第九章的工作，梁先生用力最勤，用时最久，初步工作在战前即已开始，但是仍然没有完成。因病魔缠身，也由史语所 1949 年迁往台湾，考古报告成为梁氏未竟之业”。从台北史语所保存的遗稿中，可以清楚地看到当年梁思永主持的殷墟西北岗工地，共发掘大墓 11 座（东 3 西 8，后者含一个大坑），小墓 1221 座。父亲拟定的《西北岗殷代墓地发掘报告》共分十三章、三表：

第一章：墓地之地理位置环境

第二章：墓地发现之经过

第三章：墓地发掘之经过

第四章：西北岗文化堆积之结构与殷代墓葬在堆积层中之位置

第五章：殷代大墓总述

第六章：殷代大墓分述

第七章：殷代小墓总述

第八章：殷代小墓分述

第九章：遗物分类（按质料形态）叙述

铜、金

石、玉、绿松石

骨、牙、龟板

贝、蚌

陶

仪仗痕迹

第十章：殷代装饰花纹之分析

第十一章：人骨遗存

第十二章：鸟兽骨遗存

第十三章：后代墓葬之分布与叙述

表一：殷代小墓分析表

表二：殷墓重叠相叠表

表三：遗物登记表

这份遗稿是 1954 年由李济先生亲自点验后交给高去寻先生的，高在整理后做了准确统计，数据如下：父亲病发前完成了第一至四章，第五章只写了一页，以及第六、七两章和第九章的“仪仗痕迹”。写出部分皆为初稿，共约 22 万字。另外还编好了表一与表二，这可能是为了撰写第七章的需要而先行做的工作。当文字资料与实物资料渐行展开后，对安阳殷墟遗址及出土遗物深有了解的李济先生，认为若按父亲的计划，绝非一人之力短期内可以完成，于是在 1956 年拟定了一个新的编撰构想：

第一本：原无题，兹定为墓葬研究

甲编：发掘之经过——梁稿一至四章

乙编：大墓

丙编：小墓

丁编：其他墓葬

第二本：遗物研究

甲编：石刻与玉

乙编：青铜

丙编：其他

第三本：人骨研究

甲编：体骨

乙编：头骨

……

据史语所人员透露，李济先生这个规划也不是一人之力短期内所能胜任的，于是决定依次分别整理大墓，也就是做父亲的第六章，而第九章的构想则按所属之墓分别叙述，高去寻按照这一新的规划，开始了漫长的“辑补”之路。自此，他的后半生便与恩师的未竟事业紧紧地维系在了一起。

高去寻参考梁思永遗稿，把西北岗发掘遗物全部从库房中提取出来，一一展开核对、测量、照相，对墓葬的位置、保存情形、盗掘经过、墓葬以前和以后的遗迹、墓坑木室的形制与工程、墓内外残存的殉葬遗物等，一一检索、整理、加工。如此这般，考古报告对整个殷墟王陵大墓纲举目张，将其清晰地展现在面前。到了 1962 年，高去寻先生编撰的殷墟西北岗 1001 号大墓报告开始出版，1965 年又出版了 1002 号大墓。以后几年，又陆续出版了 1003 号大墓（1967 年）、1217 号大墓（1968 年）、1004 号大墓（1970 年）、1500 号大墓（1974 年）、1550 号大墓（1976 年）共七座大型墓葬的发掘报告。高氏花费的心血难以描述，仅每本报告重达十几公斤的分量就足以令观者为之一震，感叹主事者之不易。据史语所统计，高去寻先生增补的部分，占梁思永原稿的百分之八十强，至于插图、绘图等繁重事务远没有计算在内。

由于父亲的原稿仅是一个提纲性质的未成品，在后来的编辑补写过程中，高去寻先生做了大量宏繁的工作，在补述的出土器物中，每一件都要核对原物，许多地方不得不重新写就。高在 1001 号大墓辑补后记中说：这本报告编撰的三年，大部分时间和精力都用在器物的整理上，“有时一件器物的找寻，或一件破断器物的接合，势须将西北岗甚至小屯的此类出土物全部清查一遍才能解决；有时一件田野登记号已失或模糊不清的器物，是否 1001 墓出土，需要翻阅全部《墓葬登记表》《田野记载表》、附图、发掘日记、照片等等才能确定。”即使这样，还是有不能核对的东西。1958 年 1 月 7 日，高去寻先生在给张光直先生的信中道出了自己的苦

《侯家庄》第六本，1968 年版

楚："西北岗的报告，文字部分不用说，就是梁先生当年画好了预备出版用的那张墓葬分布图上有二十一座墓葬漏列了。现在查原记录、图表，费了两个月的工夫，还有四座墓葬不知下落（这四座都是石璋如先生掘的，当时既没画位置图，也没记载）。"令高去寻先生颇费力气的原因，除了当年发掘时有部分缺失和遗漏，也与发掘之后万里迁徙有关。张光直先生感慨地说："高先生花这么大的力气写西北岗大墓的报告，完全是出于对史语所李济先生，尤其是对老师梁思永先生的义务感和责任，而他自己研究的主要兴趣并不在此。但是这番努力的结果，使中国近代考古学上最重要的一批原始资料公之于世。"

1991 年 10 月 29 日，高去寻先生去世，终年 82 岁。他在去世前仍断断续续地整理西北岗东区三座大墓（1129、1400、1443）以及小墓总述，惜未完成而驾鹤西行。三座大墓报告经当年发掘过安阳殷墟的老同事石璋如校补，于 1996 年得以出版，编号是《侯家庄》第九本。至此，西北岗遗址发掘报告基本完成。

为了纪念梁思永对殷墟西北岗遗址发掘所付出的努力和做出的特殊贡献，《侯家庄》系列大墓的发掘报告，仍用梁思永的名字发表，高去寻先生只是作为一名"辑补"者列于其后。这是高氏的自尊和自谦之处，也是对老师梁思永心血的敬重，以及对自己栽培之恩的答谢。对于高去寻先生耗数十年时光所付出的心血，史语所同仁与有关学者皆了然于心。

对此，李济先生在 1001 号大墓发掘报告序言中曾深情地说道："关于这批资料的'取得'以及'保管'，实在不是一件容易的事。梁思永先生，中国的一位最杰出的考古学家，已经把他的全部生命贡献于这一件事了。他虽部分地完成了这一发掘工作，并将报告的底稿做了一个详细的布置，也写成了一大半，却不及见这一报告的出版。现在，他的墓木已拱了罢！我们才能把这一本报告印出来。我们希望由于这一本报告的问世，研究中国史的学者，对于这位考古学家的卓越贡献，得些真正了解。"

举世闻名的殷墟西北岗考古发掘成果，经过硝烟炮火的熏染与政治阻隔，在父亲去世42年后才得以较为完整地以这种特殊形式出版问世。这部对中国考古界有着重大意义的报告，出现在世人面前，不免令人感慨万千。父亲地下有知，恐怕也会对高氏为完成自己未了之愿而付出之辛劳，倍加感谢吧！

考古学家高去寻先生

1935年，当26岁的高去寻先生进入史语所时，殷墟侯家庄西北岗已是第三次，也是最后一次发掘，高去寻先生赶上了殷墟发掘的尾巴。史语所考古组参加安阳发掘的“十兄弟”，依入所先后排序，他排行第九，也接近于末尾，两个末尾，说明高氏在史语所同仁中属于资历较浅的一位。尽管资历较浅，但他却是一位出类拔萃的青年才俊，深得傅斯年所长、李济先生等前辈学人赏识，也受到同辈学者推崇。

高去寻（1909-1991）

高去寻先生于北大历史系毕业时，被向来以“拔尖主义”为模式的傅斯年所长当做“尖子”拔到史语所。在发掘工地上，高去寻先生敏锐的学术眼力与开阔的治学方法，很快得到父亲赏识，遂当做嫡系弟子加以栽培。史语所以傅斯年所长为首的海归派大都认为，能传承父亲学术衣钵者，非高去寻莫属。

他在安阳发掘的最后两年，于殷墟西北岗和小屯将近1800座墓葬中，亲自调查摸索过约300座，尽管所涉多是小墓，但已领略了基本的内涵和诀窍。继西北岗第三次发掘之后，高去寻参加殷墟小屯第十至十二次、大司空村和琉璃阁的发掘，其间还担任过大司空村墓葬发掘领队，成就赫然。抗战爆发，高去寻先生随史语所一路在长沙、昆明、李庄等地辗转奔波，复员回南京未久，又随史语所迁往台湾。据夏鼐先生说，当年在决定留大陆还是赴台湾的问题上，曾与他在一起私下商量过。最后的结果是高先生愿去台湾，以便保护迁台文物的安全；夏先生愿留在大陆，继续发展考古事业。二人各自为了心中的理想，从此分手，这一别竟成永诀。

没有被遗忘的昂昂溪

1930 年 9 月，父亲被派往黑龙江齐齐哈尔市，对昂昂溪史前遗址开始他首次的考古调查与发掘工作。父亲以一位考古学者的身份，首次进入我国黑龙江地区。在昂昂溪遗址发掘工作中，他为中国科学考古发掘积累了丰富而宝贵的经验。此后的中外考古学家和史学家的调查、研究均把以梁思永在昂昂溪发掘的墓葬为代表的文化称为“昂昂溪文化”，从而确定了昂昂溪文化在我国乃至世界考古学上的重要地位。昂昂溪遗址现已成为中国北方草原渔猎文化、细石器文化的突出代表，载入《中国通史》和《世界通史》之中。

八十年后的 2010 年 9 月，由中国社会科学院考古研究所、黑龙江省文化厅、齐齐哈尔市人民政府主办，齐齐哈尔市委宣传部、市社科院、市文化广电新闻出版局、昂昂溪区委、区政府承办的“纪念梁思永先生考古发掘昂昂溪遗址八十周年大会”在齐齐哈尔市昂昂溪区隆重举行。

父亲曾经奋斗过的这片考古遗址，并没有被人们遗忘。

本书作者在“纪念梁思永先生考古发掘昂昂溪遗址 80 周年大会”上发言，摄于 2010 年

本书作者在《昂昂溪古遗址赋》纪念碑前，摄于 2010 年

悠悠岁月，独自前行

1907 年，母亲李福曼出生于贵州省贵阳市，小学在北平私人开办的学校度过。1918 年，随祖母李蕙仙来到天津梁家，后在美以美教会开办的中西女校读书。1926 年中学毕业后，由于成绩优秀，保送燕京大学教育系。1930 年毕业后，先后在协和医院及北大工作。1931 年春与父亲结婚，二人携手走过了 23 个年头。

父亲去世后，家中留下母女二人。家里没有了经济来源（之前，家庭开支全靠父亲的工资），为了维持生计，年近五旬、常年在家照顾病人的母亲，不得不再次外出，到社会科学院历史研究所任助理研究员，编写书目及史学索引等。

父亲临终前曾托付三姑思庄照顾我母亲，父亲去世后，母亲便离开了东厂胡同住到三姑家中。20 世纪 60 年代，母亲被下放到河南信阳参加劳动，在此期间不幸患上胃溃疡，胃部剧痛，经送往医院抢救，方得无碍。但从此她的胃便种下了祸根，偶尔饮食不当，便有不适之感，消化能力也大大下降。70 年代初，母亲回城，继续在历史所工作，并搬入所内单身宿舍，这一干便是十余载。直到 1980 年后，年过七旬的母亲才退休回家，与我同住在甘家口居住区，安享晚年。

退休后，母亲的日常生活可以自理，有时还会外出购物办事，在家中则以写回信为乐，她有信必回。每日除看报外，她还要看古龙、卧龙生等人的武侠小说。每到万物复苏，百花争艳的春季，我都会陪母亲到公园、街头绿地中赏花拍照，

中年李福曼，摄于 1950 年代

李福曼、梁柏有母女，摄于 1950 年代

李福曼（左）、梁思成（中）、梁思庄（右）在中关园 96 号院外合影，摄于 1950 年代

其乐融融。

李仲武（左）与瞿秋白在莫斯科，摄于1921年

母亲娘家亲戚众多。女孩中母亲居长，上有两位兄长，下有七位妹妹。她与众兄妹常有书信来往，平均两三天便有一封来信。那时母亲的大哥李锦忠（1887–1942）在四川巴县遭遇车祸，其女儿李宝荪一家定居于北京，常来看望大姑。二哥李仲武（1899–1938）于1920年作为晨报记者，跟随瞿秋白去莫斯科，后随共产国际派给孙中山的俄语翻译鲍罗廷回到中国，与鲍罗廷一起在黄埔军校工作，还担任过航空委员会的秘书。1938年，与苏联空军人员同机从兰州飞往汉口途中，飞机失事遇难。其子李宁荪、李东荪分别定居于成都、邯郸，每月都会来信问候大姑。二妹寿曼、五妹令曼都定居于台湾，三妹凤曼在长沙，四妹淑曼在成都，七妹玉曼在南京，八妹桂曼在香港，小九妹孔生定居美国。众妹书信来往频繁，还互寄一些生活照片。

1987年，母亲的三妹、七妹、八妹携众侄和外甥女从全国各地来到北京祝贺老人八十大寿。另日在北京的梁家亲友又齐聚一堂，祝贺生日。1997年，众亲友又为她办了九十寿辰生日会。

1999年的一天，母亲夜间起床，不小心摔了一跤，导致大腿骨折，送往医院疗养数月后，2000年方才出院。为了便于母亲出行，家人决定找一处有电梯的居所，于是我们一家在2002年搬入紫竹院公园附近的新家。

2006年，由于母亲行动不便，她的百岁寿辰只在家中举办了生日冷餐会，参加者约三十余人。当时老人身穿红色毛衣笑眯眯地坐在沙发上，接受大家献上的生日礼物。

2007年后，母亲身体日渐衰弱，不喜进食，但头脑依然清晰，只是不再写信看书了。

2008 年 5 月，母亲病逝于北京家中，享年 101 岁。母亲与父亲合葬于八宝山革命公墓。54 年后，这一对恩爱夫妻终于再度相聚，从此永远不再分离。

百岁老人李福曼的一生，可以说是平淡无奇的，没有什么业绩可以表述，但平凡的人有时也会做出一些不大平凡的事来。

母亲与父亲婚后不久，父亲便开始生病，使原本十分幸福美满的家庭蒙上了一层阴影，致使母亲十数年如一日厮守在重病卧床却又拼命工作的父亲身边，无怨无悔地照顾着父亲。她身兼数职，是父亲的护理员、生活管家、工作秘书，她这种忘我的精神值得人们敬佩。如果说，父亲在中国考古事业上做出较大的贡献，那么我的母亲功不可没。正如台湾史语所所长王汎森先生在我的母亲去世后发来的唁函中所说：“思永先生于 1930 年到 1948 年任职于史语所，学术贡献之卓越，久已为世所共知；而思永先生之克臻此境，亦莫非夫人之助力也。”

左梁思永墓，右李福曼墓。54 年后，这一对恩爱夫妻终于再度相聚，从此永远不再分离

2014 年清明节，梁柏有、陈国美夫妇和女儿陈冰为梁思永和李福曼扫墓

附：李福曼老人晚年生活照片

李福曼在八弟梁思礼家中，从左至右：李福曼、梁思宁、麦秀琼（梁思礼夫人）、梁思礼，摄于1970年代

李福曼在甘家口家中卧室，摄于1980年代

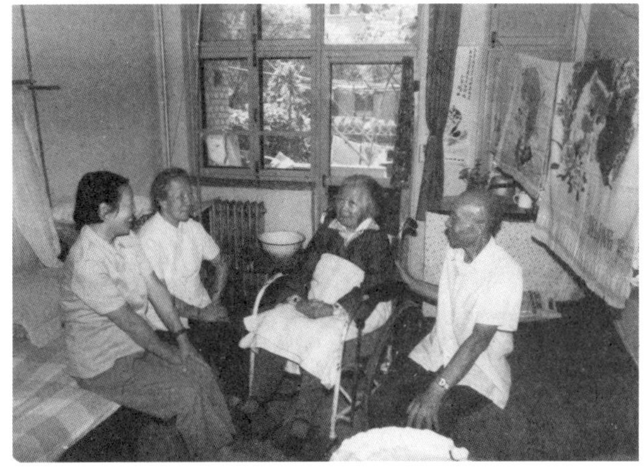

李福曼（左二）与五弟梁思达（右一）、俞雪臻（左一，梁思达夫人）到北京大学蔚秀园宿舍看望病中的三妹梁思庄（右二），摄于1980年代

李福曼与女儿梁柏有、外孙女陈冰在梁启超墓前，摄于1980年代

早春之际，李福曼老人笑容可掬地站在盛开的榆叶梅前，摄于1980 年代

李福曼（中）与三妹李凤曼（左）、八妹李桂曼（右）在甘家口合影，摄于 1987 年

李家众妹和子、侄辈从全国各地来到北京为李福曼老人祝贺八十寿辰，前排从左至右：三妹夫饶用法、三妹李凤曼、寿星李福曼、八妹李桂曼、表侄杨伯箴，摄于 1987 年

李福曼母女在家中，摄于 1990 年代

李福曼与女儿梁柏有在美丽的连翘花丛中，摄于 1990 年代

四妹李淑曼（左）在大姐李福曼家中，摄于 1990 年代

李福曼在天安门前，摄于 1990 年代

李福曼母女在家中，摄于 1990 年代

三妹李凤曼与妹夫饶用法在长沙家中，摄于 1990 年代

李福曼（右）在甘家口家中接待安志敏（左）和夫人张玉珠（中），摄于 1990 年代

李福曼（右一）与李方桂、夫人徐英、钱端升夫人陈公蕙在北京街头，摄于 1990 年代

五妹李令曼（左）来到复兴门建筑设计院宿舍，看望大姐李福曼，摄于 1990 年代

李福曼老人九十寿辰，祝寿众人在北京大学蔚秀园门口合影，居中持花者为寿星李福曼老人，摄于 1997 年

寿星正全神贯注地切生日蛋糕，旁边还有俩助手：安志敏夫人张玉珠（左）、五弟妹俞雪臻（右），摄于 1997 年

老寿星，我们碰一杯，祝您生日快乐！摄于 1997 年

七妹李玉曼（左一）与友人合影，摄于 1950 年代

五妹李令曼（中）、八妹李桂曼（右）、九妹李孔生（左）在台湾李令曼女儿家中，摄于 2001 年

李福曼在甘家口家中与女儿、女婿合影，摄于 2001 年

五妹李令曼（左二）、八妹李桂曼（右一）、九妹李孔生（右二）三姐妹赴台湾为二姐李寿曼扫墓，摄于 2001 年

李福曼老人百岁寿辰，与亲朋合影于家中。身着红色毛衣坐于前排，鹤发童颜、被众人环绕着的即是百岁寿星，摄于 2006 年

思永读

第八章

学术功绩　世人评说

你將來如何才能當得起
「中國第一位考古專門學者」
這個名譽總要非常努力才好

梁思永先生和中国现代考古学

安志敏

中国考古学是一门古老而又年轻的学科。所谓古老，是说它有着悠久的历史传统。早在 11 世纪的北宋时期，便产生了研究青铜器和石刻铭文的金石学。到了 19 世纪，又扩大为古器物学。随着商代甲骨、汉晋木简、敦煌文书以及其他遗物的大量发现，在研究上掀起了新的高潮。不过这种书斋式的古器物研究并不等于近代考古学，至多是中国考古学的前身。所谓年轻，是说以田野调查发掘为基础的近代考古学，诞生于本世纪的 20 年代，与西方考古学的成熟和发展，有着不可分割的联系。

从 19 世纪末以来，一些西方国家纷纷派遣探险队到我国边疆地区进行活动，他们也做过若干考古工作，但所使用的发掘方法简单粗糙，尚不属于现代考古学的科学范畴。“五四运动”以来，随着中国人民的觉醒，开始意识到考古学这门学科的重要性。最初由北洋政府聘请国外学者来华考察，在从事地质学或古生物学工作之余，开拓了史前考古学的发展和研究。接着由中外学术团体合作，或中国的学术团体自己进行考古调查发掘，终于奠定了中国现代考古学的发展基础。从事现代考古的工作人员主要由国外留学归来的学者，或在国内有一定的经验，然后出国深造的学者组成，他们继承了西方现代考古学的传统，又在实践中积极推动了中国现代考古学的发展与壮大。在这些考古学家中，贡献显著和影响深远者当以我国著名考古学家梁思永先生为杰出的代表，他是中国现代考古学的主要开拓者之一。

梁思永先生系广东新会人，梁启超的第三子，1904 年 11 月 13 日生于上海（按：应为澳门）。梁先生 1923 年毕业于清华学校留美预备班，随后赴美国入哈佛大学研究院攻读考古学和人类学，曾参加印第安人古代遗址的发掘，并对东亚考古做过特别研究。留学期间为了解国内的考古情况，曾一度回国在清华学校国学研究所担任助教，整理清华所藏李济于 1926 年发掘的山西夏县西阴村史前遗址出土的部分陶片，并写成英文的专刊。1930 年在美国哈佛大学毕业后，回国参加前中央研究院历史语言研究所考古组工作。秋季赴黑龙江发掘昂昂溪遗址，然后转道通辽进入热河调查新石器时代遗址。

1931 年春季，梁先生参加了河南安阳小屯和后岗的发掘工作，秋季参加山东历城（今章邱）龙山镇城子崖的第二次发掘工作，接着又回到后岗，继续春季的未了工作。对殷墟发掘的具体贡献是，提高了考古发掘的科学水平，使之从此纳入现代考古学的范畴。特别是后岗发现的三叠层，最初从地层学证据上明确了仰韶文化和龙山文化两种新石器时代遗存的先后顺序以及它们和商代文化之间的关系，这在中国考古学史上是一次划时代的重大发现。城子崖遗址的发掘报告，由梁思永先生主编并参加部分章节的撰写，于 1934 年出版，这是我国首次出版的大型田野考古报告集。1932 年因患烈性肋膜炎，卧病两年，到 1934 年始逐渐恢复。秋季又赴安阳主持侯家庄西北岗商代王陵区的发掘工作，一直继续到 1935 年。西北岗的三次发掘工作，共发现大墓 10 座，小墓千余座。发掘规模的宏大，田野工作的精细以及考古收获的丰富，在国内均是空前的。

西北岗发掘工作结束之后，梁先生立即着手西北岗发掘报告的编写。由于抗日战争的爆发，打断了他的工作计划，随着单位撤退到长沙，经桂林入昆明，最后到达四川李庄。即使在这种颠沛流离的生活中，一有机会他便取出标本加以整理。1939 年，梁先生在向第六次太平洋学术会议所提供的论文中，全面总结了龙山文化。1941 年初夏，由于肺结核的发作，西北岗报告的编写工作被迫中辍。1945 年抗战胜利，梁先生到重庆施行手术截去几根肋骨，使有病的左肺萎缩下来，1946 年到北平继续休养。但是西北岗报告的未完稿，在解放战争期间被运往台湾。

后经高去寻辑补为《侯家庄》，在台湾陆续分册出版。

1949 年北平解放，梁思永先生放弃了七八年的蛰居休养生活，出来为人民的考古事业服务。1950 年 8 月被任命为中国科学院考古研究所副所长，他以虚弱的身体积极主持所里的具体工作，制定长远规划，指导田野工作和室内研究，并热心扶掖后进，为发展新中国的考古事业而积极努力。由于工作辛劳，体力渐感不支，1954 年春季梁思永先生心脏病发作，不幸于 4 月 2 日在北京逝世，终年 50 岁。

以田野工作为基础的中国现代考古学，兴起于本世纪的 20 年代，开始若干启蒙的工作，如内蒙古萨拉乌苏河（1922 年）与宁夏水洞沟（1923 年）的发掘，一开中国旧石器时代研究之先河；而河南仰韶村（1921 年）、甘肃及青海齐家坪、马厂塬、辛店、寺洼、沙井（1923–1924 年）、山西夏县西阴村（1926 年）的发现，又是中国新石器时代研究的开始。中国以外的亚洲东部地区，同样处在现代考古学的开创阶段，从考古资料的发现到综合研究的分析对比都是相当贫乏的。梁思永先生在美国留学期间，便对上述资料进行全面分析和总结，明确了日后研究的努力方向，可以他下述两篇著作为代表。

《远东考古学上若干问题》（1929 年定稿），是一篇高瞻远瞩的综合研究文章。首先把亚洲东部地区的旧石器时代遗存分成南西伯利亚群、华北群和印度群，从地质堆积、动物化石和文化面貌上进行分析，并指出它们之间的共同和有待解决的问题。特别是做出“在研究远东新石器中期文化时，殊无理由原封不动地搬用西欧型式学和年代学。假若将来的研究显示出该地区的一种特有文化顺序，也不会太出人意料之外”的科学预见，已被今天的考古发现所完全证实。然后就新石器时代划分成北方群（中国）、南方群（印度支那）和外围群（朝鲜、日本），分别讨论它们的时代发展、文化特征和有待解决的问题。并且明确指出：“这种完全的新石器遗物的显然不见，是由于勘查不够呢，还是该地果真没有呢？已有的迹象说明这是由于勘查不够充分以及没有对现有遗物作一有系统的研究之故”，这个论断已为今天的考古发现所充分证实。这篇论文的主要成果在于，把中国的考古资料纳入亚洲范围来考虑，突出了中国考古学研究在国际上的意义。如此大范围的对比分析，在当时世界范围的考古研究中属于罕见的代表作，故发表之后，立即引起人们的关注。这篇论文的目的在于提出研究方向的设想，并在实践中予以贯彻。像后岗遗址三叠层的发现，解决了仰韶文化、龙山文化和商代文化的发展序列。强调分区研究的必要性，并在龙山文化研究中具体实施，都是上述设想的进一步发展，对今天研究中国史前时期的文化类型和分期分布上，仍有着重要的指导意义。因而本文不仅是单纯的综合研究，而且涉及考古学理论方法的应用，在中国现代考古学的著作中，涉及这个问题的，以本篇为最早。

《山西西阴村史前遗址的新石器时代的陶器》一书，发表于 1930 年，是中国现代考古学中最早的一本专题研究的著作。它是根据李济所发掘的第四探方 10000 多件陶片，进行综合分析的成果。由于这里缺乏能够复原的完整陶器，乃就陶片的质地、口沿、器底和柄把的型式分类叙述，对它们在地层中的分布、变化做了详细的统计，并用图表予以表示。最后还同国内外的新石器时代遗址进行广泛的对比，从而肯定西阴村和仰韶村是同时代的遗存。他又敏感地指出，仰韶村的若干器形（如三足鬲和镂孔高圈足豆）不见于西阴村。后来的考古发现证实，上述器形属于时代较晚的龙山文化遗物，同时仰韶村遗址包括不同时代的遗存，表明在当时的整理中已预见到这些问题的所在。尽管所分析的只是一个探方的陶片，但整理、分类、统计以及对比研究的方法，不仅具有示范的意义，还对后来考古报告的编写产生了较大的影响。特别是用类型学的方法研究古代器物，在中国现代考古学著作中也是最早的代表作。

上述两篇著作的发表，象征着中国现代考古学的孕育发展实肇基于此。梁思永先生献身于中国考古事业，也正是以此为开端。

在中国考古学史上，遵循现代考古学的基本方法，注重田野实践，并使之发展壮大的，梁思永先生是重要的开拓者之一。他对新石器时代的几处重要遗址如昂昂溪的发掘、后岗三叠层的发现以及城子崖的发掘整理和研究，都开辟了新的蹊径，在中国新石器时代考古研究中建立了不可磨灭的功绩。

以细石器为代表的遗存，在我国东北和内蒙古一带有着广泛的分布，早在 20 世纪初叶就开始有所发现，但限于地面采集，关于它的文化性质始终模糊不清。昂昂溪不仅是首次的科学发掘，也是中国学者最初接触这类遗存。他在报告里详细报道了发掘经过，出土墓葬和遗物，究明文化的基本面貌。在石器研究中，还对细石器（当时称为幺石器）的概念和分类标准有所创新，为后来的研究树立了典范。

后岗三叠层的发现，更是划时代的重大事件。从 1921 年发现仰韶文化以来，对它与商代文化的关系一直有着不同的理解，有人认为仰韶文化与传说中的夏代相当，属于胡文化而同商文化没有任何源流关系；也有人认为商文化直接承袭自仰韶文化等等。1930 年发现龙山文化之后，在许多人的心目中又把仰韶和龙山视作不同来源的两种文化，于是出现“夷夏东西”的说法。事实上所有的论点都是在缺乏地层学依据的前提下，进行任意猜测的。后岗三叠层的发现，才真正解决了这个谜底：根据土色和包含物，从错综复杂的地层堆积里，明确了仰韶文化、龙山文化和商代文化的叠压关系，首次判断出上述文化的发展序列。这是中国现代考古学开始跨入成熟阶段的显著标志，也是梁思永先生的重大贡献之一。

龙山文化是继仰韶文化之后的又一项重要发现。梁思永先生参加过城子崖遗址的第二次发掘工作，从田野工作到室内整理和报告的编写，始终参与其事。中国第一本大型田野考古报告——《城子崖》，便由梁思永先生主编，并参加部分章节的撰写和全文的修订。正像李济所说过的那样：“关于编辑的事，梁先生经过好多困难，但他都能想法子满意的解决了。报告集的体例大部分都是梁先生创制出来的。”（《城子崖》序二，1934 年）这本报告的出版，标志着中国现代考古学的迅速成长，并对后来的报告起着示范的作用。随着龙山文化发现的增多，梁先生在这个基础上所完成的《龙山文化——中国文明的史前期之一》（1939 年）一文，是一篇总结性的杰作。它首先论述遗址发现的年代及其在地理上的分布，然后对龙山文化的一般特征、三个区域的划分、地层和年代、与商文化的关系等几个方面进行全面扼要的论述，迄今仍是研究龙山文化的精辟著作。特别是把龙山文化划分为山东沿海、豫北和杭州湾三个区域的见解尤为重要。目前对龙山文化类型的进一步划分，实导源于梁先生半个世纪以来的创见。至于他的以龙山文化为商代文化的先驱的见解，由于早商文化的发现，使这一科学论证更普遍地为人们所接受。

自 1899 年在河南安阳小屯发现甲骨文以来，金石家的著录和古董商人的搜罗，几乎都集中于甲骨文字，终于产生“甲骨学”这一新的学术领域。直到 1928 年开始发掘之际，依然以甲骨作为重点对象。前中央研究院历史语言研究所共在安阳进行十五次发掘（1928–1937年），从梁思永先生参加第四次发掘后，才开始了巨大的变革。正像当时工作主持人李济所说的："梁君是一位有田野工作训练的考古学家，并且对于东亚考古问题做过特别研究。两年来他对考古组的组织上及方法上均有极重要的贡献。"（《安阳发掘报告》，1933年）参加过当年发掘的夏鼐也着重指出："他是我国第一个受过西洋的近代考古学的正式训练的学者。参加过安阳发掘的旧人都知道，自从他加入后，田野考古的科学水平大大提高了。后来许多田野考古工作者都是在殷墟工地训练出来的。"（《五四运动和中国近代考古学的兴起》，《考古》1979年第3期）由此可见梁思永先生在殷墟发掘中居于举足轻重的地位，从下列事实中也可以得到证实。

殷墟发掘的初期，是相当简单粗糙的。第一次发掘由古文字学家董作宾主持，发掘的主要目标在于探求甲骨，当时采取的所谓"轮廓求法"、"集中求法"和"打探求法"都志在探宝，并不符合考古发掘的规范，同时对地层堆积也缺乏观察和分析，以致判断地下的甲骨为"漂流淤积所致"，错误地提出了"殷墟淹没说"。第二、三次发掘由李济主持，开始采用探沟的发掘方式，并分成殷商文化层、隋唐墓葬和现代堆积3期。所作的判断也误认为地下的文化层是由洪水淤积的，把房基的柱础石当成洪水冲来的卵石，把版筑遗留的夯窝看成是波浪拍打的痕迹，甚至把墓葬中的儿童也作为洪水淹死人的证据。当时对于上述迹象的观察和解释都显得十分幼稚，并束缚了殷墟发掘水平的进一步提高。

从梁思永先生参加殷墟发掘起，整个工作有了很大的改进，如后岗三叠层的发现建立了考古学的典范：同样的成果在小屯发掘中也充分显示出来，开始确认版筑和窖穴等考古遗迹，在版筑基础上还有排列整齐的柱础石，有利于建筑遗迹的复原，这就彻底否定了"殷墟淹没说"。因此，殷墟的发掘以第四次为工作的转折点，从此纳入现代考古学的范畴，这与梁思永先生的具体指导和辛勤劳动是分不开的，他的工作在殷墟发掘和中国考古学发展史上树立了不朽的丰碑。

由梁思永先生亲自主持的第十、十一、十二次殷墟发掘，在西北岗商代王陵区进行了空前规模的考古工作，为商代社会历史的研究提供了重要的科学资料。在这三次发掘中，共发现大墓10座、小墓1000多座。大墓一般是4个墓道，墓室面积达300–400平方米，虽经过盗掘破坏，收获还是相当丰富的，出土有青铜器、玉器、石雕以及带有木器印痕的花土等珍贵遗物。在大墓里普遍发现杀殉的“人牲”遗骨，最多的达一二百具。大墓附近排列密集的千余座小墓，则系当时的杀殉坑。这些发现生动地反映商代奴隶社会残酷的阶级压迫，揭露了商代历史的真实面貌。由于抗日战争爆发，梁思永先生在向后方撤退的颠沛流离生活中，还坚持报告的整理，完成了大部分稿件。后来这批稿件被带到台湾，由参加过发掘工作的高去寻辑补为《侯家庄》在台湾陆续分册出版，计有 1001 号墓（1962 年）、1002 号墓（1965 年）、1003 号墓（1967 年）、1217 号墓（1968 年）、1004 号墓（1970 年）、1500 号墓（1974 年）、1550 号墓（1976 年）等各大墓的报告。这里可以李济的一段话作为本节的结束：“关于这批资料的‘取得’以及‘保管’，实在不是一件容易的事。梁思永先生，中国的一位最杰出的考古学家，已经把他的全部生命贡献于这一件事了。他虽部分地完成了这一发掘工作，并将报告的底稿做了一个详细的布置,也写成了一大半,却不及见这一报告的出版。现在,他的墓木已拱了罢！我们才能把这一本报告印出来。我们希望由于这一本报告的问世，研究中国史的学者，对于这位考古学家的卓越贡献，得些真正的了解。”（《侯家庄第二本 1001 号大墓》序，1962 年）。

梁思永先生对中国近代考古学所做的杰出贡献，通过他的工作和论著，已为人所共知。这里需要补充的是，他对中国考古学人才的培养所做出的重要贡献。我国老一辈考古学家，像已故的夏鼐、尹达、郭宝钧和尹焕章等人都在历次殷墟发掘中受到梁思永先生的熏陶和培育，并为新中国考古事业的发展，做出积极的贡献。目前留在台湾的石璋如、高去寻等人，也是殷墟发掘的参加者，并将有关资料的整理和研究成果，陆续公之于世。

新中国成立之后，梁思永先生在病榻上主持考古研究所的日常工作的同时，还毅然组织和领导了青年干部的培训工作。从我们到考古所的那天起，便给我们布置了必读书目和学习计划，每周还要填表逐日汇报学习和工作情况，并经常同我们谈话，以便做更深入的了解，从治学方法到思想修养无所不包，以督促和爱护的心情帮助我们克服思想上和学习上的缺陷，为考古研究所培养了一批新的骨干，这使我们终生受益匪浅。为了培养新中国的考古力量，梁思永先生还积极支持由文化部、中国科学院和北京大学联合举办的考古工作人员训练班，从教学人员的配备、课程的设置、实习的选点，都做了认真的建议和安排。从 1952–1955 年举办了 4 届训练班，共培训了 341 人，成为全国考古工作的骨干。同时对北京大学历史系 1952 年成立的考古专业，也同样给予积极支持。以上的干部培养措施，为新中国考古事业的蓬勃发展创造了必要条件。令人难以忘怀的是，我为训练班和考古专业所准备的讲稿，事前都经过梁思永先生的审阅和批改，不妥之处也一一注出，表明他对于干部培养工作是何等严肃认真！

梁思永先生由于身体虚弱，新中国成立以来未能直接从事田野工作，却十分关注调查发掘工作的开展。像考古研究所 50 年代初期的年度计划都是由他亲自执笔，特别是还草拟了考古学研究的长远规划，对全国范围的田野工作和研究对象做了统筹的设想，成为后来历届长远规划的得力蓝本，有些目标今天已基本实现，这是他留给中国考古学的又一份珍贵遗产。

在主持所务之余，梁思永先生还非常关心学术研究，所撰写的《殷代陶器》和《考古报告的主要内容》两稿，是为了辅导所内青年干部编写《辉县发掘报告》时所做的参考提纲。前者以李济编辑的《殷墟陶器图录》为基础，对商代陶器的质料、器形、制法、纹饰做了深入的分析，并剔去了图录中所收的龙山陶器，提纲挈领，易于了解，是研究商代陶器的一篇重要论文（已发表在《考古》第 2 期，1988 年）。后者叙述考古报告的主要内容，从调查发掘、人员组织到遗址、遗物的描述以及结语和附录的要求等，均做了具体的规定，对编写考古报告具有很大的指导意义（已发表在《文物天地》，1990 年第 1 期）。以上两篇文章是梁先生 1952 年在病榻上用铅笔在便条本上所完成的提纲草稿，原拟整理成论著发表，可惜未能实现。不过当时我们却从中受到不少的教益，这是值得深切怀念的。

梁思永先生短暂的一生，为中国近代考古学的开拓和新中国考古事业的建立做出了杰出的贡献。当前，中国考古学的发展正经历着黄金时代的今天，对于梁思永先生的学术业绩，我们应当给予足够的认识和深切的怀念！

（本篇原载《文物天地》，1990 年第 1 期。）

考古方法改革者梁思永先生

石璋如

先生原籍广东省新会县，梁启超次子。1904 年 10 月 7 日（按：指农历），生于上海，一说生于日本横滨（按：应为澳门）。幼年曾在日本读小学，后回国入清华学校留美预备班。1923 年毕业（按：应为 1924 年），即赴美国哈佛大学研究院修习考古学与人类学。曾参加印第安人古代遗址之发掘，又返国在清华国学研究院担任助教，整理李济先生在山西夏县西阴村所采集之史前遗物，分析研究并与世界各地新石器时代遗址相比较，用英文写成专刊（后有中文译本），极有学术价值。1930 年毕业，获硕士学位。夏，归国任中央研究院历史语言研究所编辑员，参加考古组工作，直至 1948 年本所迁台，因病未来，在所工作先后凡 18 年。他的事业可分为田野工作、学术贡献、制度建立与业余计划四部分。

一　田野工作

他的田野工作可分为“黑”、“热”、“一城”、“两岗”、“一镇”。

（一）黑、热

1930 年秋做黑龙江、热河调查。9 月 19 日由北平出发，28 日到昂昂溪，即巡视第一、二、三、四沙岗。30 日在第三沙岗挖出一个墓葬。在各沙岗开探坑。10 月 3 日因天寒停工。

黑龙江工作完了之后，自 10 月 21 日由通辽到热河调查。经过开鲁、天山、林东、林西、经棚、赤峰、围场、承德等地。在天山发现查不干庙遗址。在林西发现林西、双井与陈家营子等遗址。在赤峰城东北，发现赤峰遗址。11 月 27 日回到北平。在热河境内 38 天，所走路程在一千里以上，所采标本虽均属地面采集物，确为国内学术机关有计划的考古调查，对于地理环境的认识，所得亦属丰硕。

（二）一城

城是指山东省历城县龙山镇的城子崖遗址。

1931 年 10 月 9 日至 31 日，主持城子崖第二次发掘。把遗址分为 A、B、C、D 四区，又把发掘方法加以改进。

（三）两岗

两岗是指安阳的高楼庄北的后岗与侯家庄北的西北岗。

（1）后岗，在小屯东南，洹河南岸。

1931 年 4 月 16 日至 5 月 12 日，由梁先生主持后岗第一次发掘。同年 11 月 10 日至 12 月 4 日，主持后岗第二次发掘。发现仰韶彩陶，龙山白灰面，殷代字骨等。梁先生因工作过度劳碌，体力不支，返平后病了。

（2）西北岗，在洹河北岸，侯家庄北。

两年后，梁先生体力恢复，1934 年 10 月 3 日至 12 月 30 日，由梁先生主持第一次发掘，在西区发现 1001、1002、1003、1004 四道大墓，又在东区发现 1005、1022 出土大批铜器的二小墓。

1935 年 3 月 10 日至 6 月 15 日，由梁先生主持西北岗第二次发掘。西区四大墓均挖掘到底，1001 发现大批石雕、花骨及仪仗。1004 发现牛、鹿二大方鼎及一石磬，又大批戈、矛及铜盔等。东区小墓发现有人头坑，肢体葬，鸟坑，兽坑，车坑等，发现空前。

1935 年 9 月 5 日至 12 月 16 日，由梁先生主持第三次发掘。西区发现

1217、1500、1550 三处四道大墓及 1567 大方坑一处。东区发现 1400 四道大墓一处及 1129 及 1443 二道大墓二处。在遗物方面，1217 西墓道的皮鼓、石磬与鼓磬架。1550 西道的龙、凤形仪仗，南道的成对的龙、牛、虎立体石雕。1550 北道台阶成排人头骨十数排及置器面上殉葬者头上所饰大批骨笄。1400 的东、南二道中的成组铜器，“寝小室盂”是铭文最长的一件有盖铜盂。又大象坑中的象及象奴,都是从前所未见过的新发现。至于石雕、花骨玉器等也都有新的品种发现。

西北岗的发掘，在考古组来说，占了五个最多。第一，参加的工作人员最多，第三次发掘时有工作人员 11 人。第二，用工人最多，第三次发掘时每日用 550 个工人，最多时有 590 余人者。第三，用钱最多，单就工资一项来说，每人每天工资 4 角，五天发一次，每人 2 元，500 人，五天便要发大洋 1000 元。本次做 102 天，除了星期天、下雨天停工，实际的天数约 85 天，要发 17 次工资，即 17000 元。这个数字在现在听起来，简直不算回事，可是在当时听起来，真是骇人听闻。17000 元那还了得！第四，占地最多，三次发掘下来占地约 20600 平方米，合 116 亩。地价：白地一亩 10 元，苗地一亩 30 元，若耽误种苗，白地也当苗地算，即要地价 480 元。当时田地卖价每亩也不过 30 元，其贵可知。若用这批钱把土地买回，也可以当一位小地主了。第五，收获也最多。除了甲骨文之外，拿参加教育部第二次全国美展展品目录总说明来看，“其中十之九出自安阳城西北十二里之侯家庄西北岗，十之一出自城西七里之小屯村北地。侯家庄为殷代陵墓之残迹，小屯村为殷代宫室之遗址”。

（四）一镇

一镇，是指山东省日照县的两城镇。

本来侯家庄西北岗发掘工作停止后，梁先生预备休息一段时期，回到研究室内整理西北岗的遗物，待出版后再出去做田野工作。但为着实现他的新的轮流制，遂于 1936 年 5 月中旬率领刘耀、祁延霈二位前往两城镇。就 1934 年 4 月王湘、祁延霈的鲁东调查所发现之两城遗址，规划发掘。镇西北约半里之瓦屋村遗址，由刘耀主持；镇西北约一里之大孤堆遗址，由祁延霈主持。他自己仅作领导之名。归来后即由他们二位分别做自己的报告，以达到一人一址的新理想。

二 学术贡献

梁先生在本所期间的学术贡献，可归结为：塞、中、展、龙、陵五部分。塞，即塞外史前文化认识；中，为中原文化定位；展，为殷人生活展示；龙，为龙山文化；陵，为殷陵发掘报告。

（一）塞外史前文化认识

塞外史前文化的认识，是他初到所时，黑、热之行的成果，表现在两篇文章上，一篇是《昂昂溪史前遗址》（原载于《历史语言研究所集刊》第4本第1分，第1–44页），分墓葬与遗址两部分。墓葬出于第三沙岗的黑沙层，没有墓穴，人骨一架，躯向北，仰置，骨骸错乱。随葬物十八件，分为两部放置，在上肢东侧者有完整陶罐一，碎石髓，其余均在下肢的南端，除石斧及带流陶片外，余均为骨角器。经他根据牙齿的研究，这具死者属于中年男子，是一位猎夫，死后被抬到旷野，放在地面上，不挖洞穴，安排了殉葬的器物，用土掩埋盖上，然后在墓旁哀宴，这是塞外民族的一个习惯。

遗址部分以石器为多，有幺石、石刀、石镞（多打制），又有精琢长石器，也有磨制石器，配合着墓葬与遗址观察，他认为："昂昂溪的新石器文化不过是蒙古热河的新石器文化的东支而已"。

另一篇文章是《热河查不干庙林西双井赤峰等处所采集之新石器时代石器与陶片》，发表在本所《田野考古报告》第一册（第1–67页，1938年8月）。所采之石器，有幺石器、非幺石器、石核制器，陶片都是小片，没有完整的器物。其中以林西、赤峰等遗址包含最为丰富。

经此次调查的了解，热河和东三省的史前遗址，可分为两大区域。西辽河以北之热河，同松花江以北之东三省为一区，出打制石器及印文陶（至少在热河）。辽河流域（广义的）为一区，出磨制石器。但还有许多问题须待解决。

（二）中原文化定位

自从参加了第二次城子崖发掘和第一、二两次河南安阳后岗发掘之后，不但认识了龙山与小屯器物的分别，也认识了后岗与西阴村彩陶的异同。殷代的深窖，其中出有字骨，龙山期的圆形白灰面，中间有烧火的痕迹。彩陶是出土在下层的土堆内，当时梁先生尚未十分了解这些遗存的用途。另外根据土色的不同，与其中所出的陶器不同色泽的精品划出范围，定名为白陶区、黑陶区、彩陶区。又根据地层的叠压，推知“后岗上，在白陶文化的人居住之前，黑陶文化的人曾在那里住过，在黑陶文化的人以前，又有彩陶文化的人在那里住过，这个简单的事实是城子崖黑陶文化发现后中国考古学上一个极重要的发现。在这发现之前，我们只知道中国在石器时代东部曾有一种黑陶文化。至于这文化与其他文化的关系，一无所知。在这发现之后，我们才知道它的时代的地位，以及它与白陶文化和彩陶文化的关系”。

于是他写了两篇文章：一篇是《后岗发掘小记》，发表在本所《安阳发掘报告》第二期（第 609–625 页，1933 年）；另一篇是《小屯龙山与仰韶》，发表在本所集刊外编《庆祝蔡元培先生六十五岁论文集》（第 555–568 页，1935 年）。这两篇文章在当时都被认为是中国考古学上划时代的贡献，使中原史前文化的层位予以确定。

（三）殷人生活展示

1937 年 4 月，教育部在南京举行全国美术展览，史语所奉命就近参加，由梁先生把殷墟历年发掘所得的精品选出 277 件，配以 20 幅照片，11 幅图片，分为 11 项展品。一，总说明；二，衣服；三，装饰；四，饮食；五，起居；六，兵战；七，音乐；八，陈设；九，建筑；十，丧葬；十一，书契。并编目说明，印成册子在会场散发。特辟展室陈列，为会场中最引人注目的展品，也是最拥挤的摊位。又加以胡厚宣先生，在大公报上特载参观展览简介和说明，更引起京外的有关学者和艺术界的注意。人们特从远地赶来，亲眼目睹难得一见的众多珍品，了解殷人文化的程度和艺术创造的境界。展示了我国三千余年之前物质文明实质的表现，影响之大非文字语言可以描述。展览会早已结束了，而展品目录，有些人尚保存下来，视为值得永远纪念的珍品。虽然这仅仅是殷代考古的标本展出，但这可以说是有形的对于学术莫大的贡献。

（四）龙山文化

民国 28 年，史语所考古组在昆明北郊龙泉镇龙头村的时候，梁先生正在整理他的西北岗发掘报告，那年恰是太平洋科学会议。考古部分院方拟请他前往参加，不过正在中日战争剧烈的时候，出国不易，改请他写篇文章寄往，以代表我国参加。他正在研究殷代文化的前驱，遂选前驱之一的“龙山文化”为题目用英文写成。虽然会志已经发表，可是在后方始终没有看见，对于外国研究中国史前文化者很有影响。后来有人译成中文，编入《考古学报》第七册。那篇文章较以往所发表的两篇有关龙山文化的文章，更为扩大而具体，尤其是陶器方面，举图说明。

（五）殷陵发掘报告

民国 24 年底，西北岗发掘工作结束后，梁先生即着手殷陵报告的编著。奈何 1936 年夏，前往两城镇主持发掘工作。冬，又筹备次年春参加教育部第二次美展工作。1937 年春，李济先生前往欧洲讲学，梁先生又代理组主任职务，又值七七抗日战争爆发，史语所迁长沙、转昆明，到了龙泉镇才停下来，此时才得以仔细地计划编著的纲领。不久，因滇缅路吃紧，又迁往四川李庄。梁先生家住山下的月亮田，距市区近，生活方便，研究所在山上板栗坳，工作安静。先生每周一上山，周六下山，在山上住六天，在家住一天两夜。在山上时，忙于工作，不分昼夜。虽然是研究室内的工作，但先生拼命的程度，并不减田野工作。

梁先生在昆明时，他骂昆明的气候不冷不热，造成人们不死不活，没有一点进取心。迁四川后，夏天闷热，冬天湿冷，称得上有刺激性。第一个夏天，日间工余之暇，他穿着背心短裤打乒乓球，以保持健康。晚上不但闷热流汗，蚊子又结队来叮，不能工作，只好在戏楼院的观赏台上燃火熏蚊，大家围火而坐，谈天说地，一面用扇驱蚊，一面用扇取凉。烤火摇扇，别有风味。这种气候对于他的身体不利，第二年的初夏先生即卧病不起，由山下搬到山上的戏楼院旁，居住养病。先生在病榻旁放置几案，把所需的资料放在一旁，另置一块木质写板，把纸张夹在木板上，可以坐在床上，垫起后背随时书写，他这种精神和毅力真令人佩服，终于完成了报告的纲领，分为十三章三表。高去寻先生在《侯家庄》第二本《1001

大墓》上册的辑补后记中，把它列出：

第一章：墓地之地理位置环境

第二章：墓地发现之经过

第三章：墓地发掘之经过

第四章：西北岗文化堆积之结构与殷代墓葬在堆积层中之位置

第五章：殷代大墓总述

第六章：殷代大墓分述

第七章：殷代小墓总述

第八章：殷代小墓分述

第九章：遗物分类（按质料形态）叙述

铜、金

石、玉、绿松石

骨、牙、龟板

贝、蚌

陶

仪仗痕迹

第十章：殷代装饰花纹之分析

第十一章：人骨遗存

第十二章：鸟兽骨遗存

第十三章：后代墓葬之分布与叙述

表一：殷代小墓分析表

表二：殷墓重叠相叠表

表三：遗物登记表

但先生只写成一至七章及二表的初稿后，便往重庆开刀，后又转往北平治疗，从此编著的工作即停止下来了。

三　制度建立

这里所说的制度，是指殷墟发掘而言，其实也可运用到其他地区。这些制度，可以用“双”、“一”、“象”、“多”、“轮”五个字述说。

（一）双：双站制

站是工作站，也称办事处，即工作人员停留的住所。一次至七次设在洹上村、袁家花园。八次至九次移在城内冠带巷26号。洹上村距小屯很近，来往步行。冠带巷距小屯七里，距侯家庄十二里，来往坐马车。每日消耗在路上的时间约两小时，而且坐马车更累。梁先生主张在工作地附近另租工作站，并且食宿于此，以增加工作效率。只有礼拜日回城休息、写信、沐浴、午饭，下午回田野站，为集体行动。此制自此次实行，从前为一个工作站，称单站制，现在为两个工作站，称双站制。

（二）一：一元制

拿小屯为例，过去发掘为分区制，分工作地为A、B、C、D等若干区，每人领一区，开坑、现象，各自命名，自成系统，各自报告。梁先生认为，这个制度太杂乱，无统一性，他主张一切一元化，由一人主持，凡开坑、墓号、照相号码等，统统由他主持登录到册子上，他随时可以了解开了多少坑，发现了几个墓，照了几张相等。尤其是照相登记要清楚地写明目的物的名称和现状。过去对于墓葬是表图分开的，比例也不一致，此次则印好图表合一，规定二十分之一，有特别需要者可大可小，须要写明。另有工作记录为复写本，每日晚上要把一日的工作清理完竣，交到梁先生那里，才能上床睡觉，他也要写工作日记。

（三）现：现象制

一至九次的挖掘方法为探坑制，某坑中有某种现象，或某种现象占若干坑中，是以探坑为标准。所以每坑以长10米，宽1米为固定的尺度，并以指南针的南北向或东西向为坑向。因为要借坑向而定现象的方向，所以坑壁要直立整齐。在发掘进行中，要依不同的深度，不断地画现象的平面图，坑到底后要画坑层图。如果现象的范围超出本坑以外，尤其是墓葬、穴窖，还要开支坑，找出它的范围，然后挖掘。支坑也有名称，如“本坑 A5”，在 A5 东者为东支，西者为西支，并记明支坑的尺寸，总之探坑是基本单位。

西北岗是墓地，灰土很少，都是生黄土和墓葬，在这里仍用探坑，用为找现象的工具，长度仍以长 10 米为一小单位，可以连接起来，长达百余米，就地形发展，方向也不受限制，以找出墓葬为目的，找出墓葬后，探坑即无用了。但也要测入总图上，因为挖掘的地方要付租金，故西北岗的总图，只有墓葬没有探坑。

（四）多：多址制

多址，就是多发掘若干像小屯、后岗、西北岗那样情形的遗址，以便比较。也就是多培植若干主持工作的人才，使他们另外主持发掘其他的遗址。本所已经有若干人才，他们的能力、技术、经验、行政等项足足的可以单独的领导或主持集体的发掘。但是由于职等的问题，在古物发掘法上不能担任主持的名义，所以预先多找些有希望的遗址，以便他们将来主持发掘。在西北岗发掘时，即让刘耀去领导发掘大司空村遗址，使祁延霈去主持发掘范家庄遗址。两城镇发掘，固然是由梁思永先生所主持所领导，实际上让刘耀主持发掘瓦屋村遗址，祁延霈主持发掘大孤堆遗址，并让他们各自编著发掘报告，以便实行下一步骤的轮流制。

（五）轮：轮流制

自 1934 年《城子崖》出版之后，颇得学术界的好评，于是即筹备报告集之二《小屯》的出版。但《小屯》的出版不是那样简单，它已经发掘了九次，仍拟继续发掘。研究所自北平迁南京后，李济先生因所务关系不能到田野工作，郭宝均先生已调到河南常川驻汴主持河南古迹会工作，吴金鼎先生已到英国留学，能主持田野工作者只有董先生和梁先生。梁先生又在病中，同时又须注意山东工作，于是只好由郭宝钧先生兼主辛村与殷墟，董作宾先生轮流山东与安阳。1934 年秋，梁先生恢复健康主持西北岗发掘时，实行一元制，并注意到多址制，恰好小屯发掘由一次到九次，告一段落，即开始小屯报告的编著，先从甲骨着手。梁先生拟把西北岗告一段落后，接下来做室内整理工作。其他先生可以主持另外遗址的发掘，如此则田野、室内均有工作。待报告完成后，再去做田野工作。报告不停地出版，田野不停地发掘，一直轮流下去，遗址也越来越多，考古事业更为发展。这的确是一个很好的制度，可惜七七抗战，而未能延展下去显出成果。

四 业余计划

另外他还有业余计划三种：现代手工业调查、龙泉农村调查、西南民族研究。

（一）现代手工业调查

在昆明时，我们住在龙头村，邻村的瓦窑村是烧造盆碗的大本营，我们的村长即傅所长的房东，就是每日输送窑货到昆明市的输送队队长。一条一条的陶窑就在研究所大门外的山坡上。步行到昆明时，在北门外转角处，有一家打铜壶的，用一块铜打成铜片，再做成壶。文明街的夜市上，有许多卖玉器的，附近就有一个制玉的小工厂。在另外一条街上，有一处铸铜佛的铺子，另有一家做乌铜的商店，为昆明的特有产品。还有银匠楼也做金器和镶嵌工艺。这些种种的好材料，引起了梁先生调查手工业很高的兴趣，遂与我商量组织一个“天工学社”，他任社长，我任秘书。我遂到昆明市刻了一方“天工学社”的大印，虽然这个学社只有我们二人，正在筹备，没有社员，可是我们工作很勤奋，不断地调查，直到迁到四川李庄，中央博物院筹备处设有专人调查手工业，我们这个学社，无形告终。

（二）龙泉镇农村调查

龙泉镇上有一条南北大街，大街上有商店，它是北通昭通的大道，每日有许多运输马队来往不断，设有镇长，割区清楚。每日一市，逢辰大市，远近货物齐集，尤其山上新产品较多。这里农作轮耕，四季分明。于是引起梁先生农村调查的兴趣，遂和镇长商量和他合作，说明调查农村工作的需要。即把龙泉镇的农田图、户籍册，都借来抄了一份，以便着手工作。无奈因滇缅路吃紧，研究所又要北迁，遂把这些资料又还镇公所了。

（三）西南民族研究

梁先生初入所时注意东北考古，东北沦陷后注意中原考古，自1937年6至10月与地质调查所合作调查西康开始，即注意西南地区的考古。1939年春，苍洱考古发掘团在大理马龙遗址发掘时，梁先生被古物保管委员会派为监察委员前往检查，对于西南民族亲身接触，所以对西南民族发生兴趣。同时，人类学组在1934年陶云达先生曾往西南调查，所以本所西文书库藏有有关西南民族之外文著作不少。

梁先生在板栗坳卧病期间，于整理西北岗报告之余，取有关西南民族的外文书籍阅读，并做笔记，特别注意他们的生活与用具，以做参考。据管理西文书库的王志维先生云，这类书籍被他读完了。不过没有写出论文，也算是他找寻殷商文化前驱的一支小插曲。

以上种种，说明了梁先生兴趣宽广、注意力强，并积极从事，唯身体被病魔所缠，不能发挥，殊可浩叹。1954年夏，在日本某刊物上，刊出梁先生逝世的消息。这个噩耗传到台湾，使得这里的考古学界，关心考古的人士以及知道梁先生的其他学者，莫不为之哀悼。

（本篇原载《新学术之路——“中央研究院”历史语言研究所七十周年纪念文集》，1998年。）

现代考古学的开拓者——梁思永

罗检秋

一 现代考古学的开拓者

作为第一位走出国门，接受西方考古学正规训练的学者，梁思永引进、传播了现代考古学的方法，又使之切合中国国情和文化传统。他对中国考古学的贡献有口皆碑。早在 1933 年，李济就说："梁君是一位有田野工作训练的考古学家，并且对于东亚的考古问题做过特别的研究。两年来他对考古组的组织上及方法上均有极重要的贡献。"尹达说："思永先生对科学事业是热情的，工作精细、忠实，且富于创造性。因之，当时在考古发掘的方法上，思永先生起了积极的推进作用，使中国的青年考古工作者逐渐积累了比较丰富的田野考古工作的经验。"夏鼐一再称赞："（梁）先生在学术研究上的贡献，野外考古工作方面，自加入殷墟发掘团后，对于组织上和方法上都有重要改进，提高了我国田野考古的科学水平。"遗憾的是，具体阐述其学术贡献的专论却罕见。梁思永的研究方法不是完美无缺，学术见解亦非完全准确。如果细加分析，较之前人，其学术贡献仍然是非常卓越的。

（一）遗物分类的精细化

标本的科学分类起源于生物学。现代考古学的发展借鉴了生物学的类型学方法。“五四”前后，西方学者在华考古，已经运用这种方法，代表人物为瑞典学者安特生。有的论者认为：安特生对考古学的类型学方面“做了开创性的贡献”。这主要表现在：第一，正确地划分了基本的器类；第二，应用类型学的原则确立了仰韶文化为中国的史前文化；第三，对甘青地区史前文化进行了划分。安特生的研究方法对中国学者如李济、梁思永产生了直接或间接影响，但安特生的“类型学”还不精细，甚至存在严重失误。西方人的偏见使此雪上加霜，安特生的“类型学”成为证明“中国文化西来说”的工具。

李济对山西西阴村的调查、发掘是中国学者第一次田野考古。如何对那数十箱杂乱的陶片加以研究，得出科学的结论，则是十分棘手的事。李济的《西阴村史前的遗存》等报告试图解决这一问题，他综合质料、色彩、纹饰等因素，将这些陶片分为精灰、绳印灰、凝暗、绳纹橙红、橙红、油光红、厚的油光红、皱皮、带槽的、具凸纹的、素白、全彩 12 类。这种分类仍是笼统的描述。梁思永在李济的基础上前进了一大步。《山西西阴村史前遗址的新石器时代的陶器》一文，对杂乱的陶片进行了深入的科学分类。而《昂昂溪史前遗址》一文也使骨器的分类研究更为精细化。

李济在西阴村挖掘了 12 个探方，每个探方约 2 平方米。梁思永选择挖掘最深的第四探方出土陶片为主加以研究。他根据质地、色彩、纹饰的区别，将陶片进行五个级别的分类。第一级，分为无彩陶和彩陶两种。第二级，按陶片的质地分为粗陶、细陶。无彩陶包括粗陶、细陶两种，而彩陶只有细陶。第三级，细陶中又分三种，即：第一种，无地色、磨光或陶衣；第二种，带地色和磨光；第三种，带陶衣;第四种，根据色彩细分，如有彩磨光细陶，包括灰色、黄色、褐红色、暗褐色、红色、白色、粉红色等；第五种，在色彩之下进一步区别花纹，如黄色中包括黄地红花、黄地黑红花，红色中包括红地红花、红地灰花、红地黄花，如此等等。梁思永进行精细分类的同时，计算出不同类型陶片的比例。他指出：褐红彩陶占全部彩陶的 64%。这种类型的陶片不仅数量多而且陶片也比较大。

此外，梁思永还进行了“口缘型式的分类”、“器底型式的分类”、“柄与把型式的分类”，深入细致程度胜于前人。

在精细分类的基础上，梁思永依靠准确的数据，将西阴村的遗物与国内外其他史前文化比较，从而认识西阴村陶片蕴藏的文化特征。安特生发现的仰韶文化，成为中国史前文化的典型代表。梁思永就此指出：仰韶陶片的口缘形制全见于西阴，虽然仰韶无彩陶的口缘形制较西阴为少，但器底的形制却较后者多。所以，就无彩陶而言，仰韶与西阴之间有密切关系，只是仰韶的器底形制较为发达。他还对两地彩陶花饰的类型进行了细致比较，从而认为：

> 和无彩陶一样，仰韶和西阴的彩陶之间，相同之点多于相异之点。我们可以肯定断言两个遗址具有同一陶器组合，而其相异之点必由于地方性的差别、发展程度的不一致以及不同的外来影响所造成。……仰韶较为丰富多彩的纹饰说明它较西阴时代为发达，而且时代略晚，仰韶的高足圈及竖把手可能是受来自东方影响的结果。

这些看法是基本正确的。他肯定了西阴、仰韶文化的先后次序、关联和地域性差异，并从东北与仰韶之间陶器形制相同（如圆底、深空足、高足圈等，这些都不见于西阴村）推测到仰韶受东部文化影响的现象。这种认识较安特生前进了一步。当时还不能深入划分新石器时代的文化区系，但通过遗物类型的精细分析和比较，梁思永认识到：新石器时代后半期，远东存在两大基本陶器型式，即中国北方，包括东北、内蒙古一带的绳纹陶和亚洲东南端的无彩陶器。西阴、仰韶则是在这种绳纹陶基础上繁荣着的一种彩陶。

关于石器的分类，最有代表性的是昂昂溪遗址研究。梁思永将昂昂溪数百件石器分为幺石器（细石器）和非幺石器两大类。其中幺石器又经过三级划分，如第二级的“梯形石片”即分为五种，精细的分类有助于对现象的深入分析。梁思永在此文结论中说：

> 昂昂溪沙岗的墓葬所代表的文化已实行比较繁重并且已有定格的丧礼。两座墓葬里各出一个近球形和一个带流的陶罐，绝不是偶然的事。根据墓葬器物可以推定：我们挖的一座男子的墓——出枪、镖、刀等打猎用的兵器；路卡徐金发现的是一座女子的墓——出精琢器、削刮器、饰珠等。……我以

为我们可以将这些幺石器和骨石器归入一个文化期。如此，我们不但将幺石器和磨光的石器同时的关系弄清楚，并且（可以）将这幺石器所代表的文化的内容加（以）丰富。以幺石器与遗址沙岗的环境为标准，昂昂溪的新石器文化不过是蒙古、热河的新石器文化的东枝（支）而已。

这些看法具有持久的价值。这些遗址并非中国史前文化的中心，但他能对这些遗物阐幽发微，深化史前文化的研究，这显然与严谨的科学方法分不开。李济对遗物的分析还不够精确、系统化，梁思永在此基础上有所进步，使遗物分类趋于精细化，增强了考古学的科学性，推动了类型考古研究的进步。诚如有的论者所说："梁思永的方法为三四十年代类型学的形成奠定了基础，正是这种方法才使考古学的定量分析和定性分析建立在科学的基础上。但就当时来讲，他的分类主要还是为了便于描述而不具备年代学的意义。"

（二）田野发掘的科学化

现代考古学注重野外工作经验。梁启超曾多次设法让梁思永参加西方人的考古，但未能实现。李济在西阴村选定发掘了 12 个探方，注意到地层特征。这已经具有了一定的科学性，与旧式"掘宝挖墓"显然不同。昂昂溪史前遗址是梁思永在国内的首次发掘。由于遗址处于中国文化的边缘，发掘的遗物没有突出意义。然而，这是一次标准的科学发掘。事先，梁思永对东北、蒙古一带的史前考古已有清楚了解。到达之后，他调查分析了这里的地理、人文环境。他考察的 4 个沙岗，挖掘的 8 个坑都经过了选择，其大小、深度、土层、出土遗物等都有详细记录，为后来的田野发掘提供了经验。其考古报告也不失为一篇范例。

安阳后岗发掘则意义重大。当他第一次考察殷墟时，就以考古学家的特有敏感，注意到后岗散布的陶片。古人生活地点往往是靠近水源而又能避免洪水危害的高岗。殷墟就是洹水边的一座高岗，但人们仅仅发掘了其中的小屯村。梁思永对同事们说，靠近洹水的后岗，也许能挖出旧石器、新石器及铜器时代的文化遗存。

1931 年春进行第四次殷墟发掘，梁思永独辟蹊径，主持后岗发掘。吴金鼎、刘耀也短时间参与此事。这次后岗发掘历时 18 天，挖坑 25 个，必要处加挖了大量支坑。“挖掘的次序是先由岗的最高点顺着岗脊向西，然后向东、向南、向北开坑”。由于工作人员少,出土遗物的记录力求简明扼要。梁思永根据坑的编号(如西 24 坑、东 10 坑) 来记录遗物，整个遗物没有总的编号。这年冬 11 月间，梁思永进行了再次挖掘，参加者还有刘耀 (尹达)、张善。由于材料限制，我们无法得知梁思永在后岗发掘的工作细节，但可以肯定 : 第一，梁思永的后岗发掘改进了田野发掘技术。多年后，刘耀回忆此次发掘的成就时，归功于梁思永“丰富的田野考古经验”和学力，认为“由于他的参加，才把殷墟的考古发掘提高到应有的科学水平，才把殷墟发掘工作存在的混乱局面澄清。”第二，后岗发掘使田野发掘进入注重文化层的新境界。梁思永因此而理清了仰韶文化、龙山文化、小屯文化的关系。这种认识也推动了整个考古学的巨大进步。

关于第一点，我们可以从城子崖的两次发掘中得到证实。城子崖遗址是由史语所考古组的吴金鼎发现的，位于山东省历城县的龙山镇。经与山东地方政府协商后,史语所于 1930 年 11 月至 12 月进行了第一次发掘,参加者有李济、董作宾、吴金鼎等六人 (此时，梁思永正在热河一带调查，未能参加)。他们共雇民工 36 人,分为 6 组。他们采取的发掘方式与在西阴村及殷墟没有多大不同。“坑之面积，通常以长 10 米、宽 1 米为单位，深度视坑之遗存情形深浅各异，遇有特殊情形则旁开支坑扩大面积以穷其边际。”他们采用序数记录办法，自遗址南边的中心点向北推算初 10 米为纵 1 坑，次 10 米为纵 2 坑，以至于 45 坑 ; 由遗址西边的中心点向东推算，初 10 米为横 1 坑，次 10 米为横 2 坑，以至于横 41 坑。每日开工、每坑发掘深度、地层、土质、土色、出土物等都进行记录，出土物都附上标签，加以包扎。

1931 年春，城子崖第一次发掘后，梁思永在殷墟的后岗发现了与城子崖类似的遗物。因此，他们认为 : 城子崖文化可能代表着一种普通文化。于是，1931 年 10 月 9 日至 31 日，梁思永、吴金鼎等六人对城子崖进行了第二次发掘。这次发掘证明了梁思永关于“一种普通文化”的推测，发现了龙山文化。撇开这点不说，仅就发掘技术而言，梁思永的贡献就十分明显。在他的主持下，这次田野发掘进行了三项改进。

第一，增进工作效率。每坑开挖时，只用两名工人，随着坑的加深而逐渐增加人数，最后增至五名，从而工效增大。

第二，为节省经费，以面袋代替原来使用的麻纸包装出土物。

第三，改换记载方式，这是最重要的一项。第一次发掘时，对于出土物，无论拣取与舍弃,都记载下来。这次记载则增加数量一项,分别出土总量与拣取数量，顺次记之。这样，去取之数，一望而知。“第一次发掘品只写总号，未标出土地点，故于整理之时，颇感困难。不得已乃将全批材料，每块查出其出土地位而标于本物上。标完之后，再事整理。”事实上，有出土地点，总号则无必要。所以，梁思永主持的城子崖第二次发掘，“每层所出各物，标以出土地点概不编号。唯遇特殊物件，除出土地点之外，尚附有他种记载者，则予以编号。……通常物之登记，不过从田野记载表之取舍栏内照抄。特殊物除照抄之外，尤须加上编号及附带记载。此种登记簿为活页式，且各坑单作，故每坑深浅各层之异，可一目了然。欲比较各坑出土物及土质之不同，信手翻阅，亦见大概”。可见，第二次发掘提高了效率和科学性。梁思永提高了1930年代田野发掘水平的说法确有事实根据。

不仅如此，作为中国考古报告集之一的《城子崖》，虽由多人合作写成，实际上也是梁思永主编。李济在序言中说:“关于编辑的事，梁先生经过了好多困难，但都能想法子满意地解决了。报告集的体例大部分都是梁先生创制出来的。”这部大型的报告集正文共分七章，概述城子崖的环境、地层及发掘经过，介绍了建筑遗留和墓葬情况，详细分析了出土遗物，如陶片、陶器、石骨、金属器等，还附有大量图片、照片及英文提要。这是史语所的第一部大型报告集，也是现代考古学的典范作品。报告集的初稿篇幅两倍于此，梁思永对此进行大量删改。不言而喻，他倾注了无数心血。

（三）从水平层进而到文化层

1930年代初是中国考古学发展的关键时期，田野发掘技术进步了，一些观念也在变化、更新。梁思永与这些密不可分。他以文化层取代原来的地层观念尤为重要。就此而言，中国考古学的水平已经超越了西方学者。文化层概念是怎样形成的？是否如有的论著那样归因于一次后岗发掘？恐怕不能。历史总是给那些自强不息、天资聪颖的人创造机会。梁思永的发现自然与学识根底的主观因素分不开，机遇的产生又基于一定的客观条件。无论就梁思永个人的学术道路，还是历史背景来看，“文化层”的观念，都非一蹴而就地形成。它是现代考古学发展的必然结果。

1920 年代，中国的文化遗址被接踵发现。安特生发现了河南仰韶遗址，在辽宁沙锅屯发现了洞穴遗址，还调查了西北的文化遗址。李济发掘了山西西阴村遗址，还与董作宾等人主持了几次殷墟发掘。这些发掘都是按深度计分层而认识遗存。他们总是先确定一个探方，然后对挖掘深度（如每 0.5 米或 1 米）的遗物记录、分析。这就是水平层观念。梁思永关于西阴村陶片的分析和统计均是以水平层为依据，他发掘昂昂溪遗址也基本如此。这种方法对于文化遗存单一的地方无疑适用，而在文化遗存复杂的地点不免困难。例如，安特生以此认识仰韶遗址就产生不少误解。他在 1921 年发掘的仰韶村遗址，包含了仰韶文化半坡类型、庙底沟类型泉护二期文化、平陆盘南村为代表的遗存、庙底沟二期文化、三里桥二期文化和周文化等多层堆积。有的论者说：

> 由于安特生采用按深度计分层的发掘方法，不能按原来地层堆积的面貌，正确地将这些遗存辨认出来，并认为他们属于同一地层堆积，将他们笼统地称为“仰韶文化”。主观地认为“单色”陶器早于“着色”陶器，提出不召寨“似较仰韶村遗址为古”或齐家文化早于仰韶文化，亦即龙山文化早于仰韶文化的错误论断。

因水平层产生的错识并非安特生一家，殷墟发掘也存在类似难题，梁思永分析西阴村遗址时注意到：“堆积物的自然层约有七层（包括顶层与生土），其厚度与延展度甚不规则。……一般来说，层次并不确定或者一目了然，而是充满交叉和‘袋形’的状态。”由于西阴村的遗存物比较单一，梁思永不可能从这些自然层提出文化层的问题。他发掘昂昂溪遗址沙岗仍然采取了水平层方法。但他看到，挖掘的坑先是黑沙层，往下是黄沙层。有时坑的黑沙层已经被风吹去，而“文化的遗址就出自这黑沙层”。可见，在后岗发掘之前，梁思永已经注意自然层与文化遗存的关系，具有突破纯粹水平层观念的趋势。这是提出文化层概念的思想基础。

1931 年春，进行首次后岗发掘前，梁思永就希望在这里发现旧石器、新石器和青铜器时代的文化遗存。这种思想准备使他十分重视“自然层”的遗物归类。开始发掘时，后岗地下深浅不同的灰、黄、绿、黑、褐等色土层纵横交错，似乎很复杂。挖掘了几个坑之后，地层的规律就比较清楚了。到第二次挖掘结束，梁思永很确定地将这些土层分为三大层：第一层，以浅灰色为主，土质颇松，土质与颜色都与小屯的灰土极相似，在任何地点都处于上层；第二层，以绿色为主，由无数极薄的土层积叠成，土质紧黏，它在后岗的中北部处于下层，西南部居上层，东南部占了遗存的全层；第三层，以深灰色土为主，土质紧黏，在岗的任何一部分都居遗存的最下层。梁思永比较了不同坑三种土层的遗物，指出:这上、中、下三层，除了土质土色的区别外，文化遗物均呈现不同。例如：

第 283、284 坑土层	深度	出土遗物	文化期
耕土	0–0.3 米	砖、瓦	近代
绿土（北段 1.5 米深处有“白灰面”一层，南段有土坑深至 3.5 米）	0.3–2 米	黑陶片，光面灰陶片，薄绳纹陶片，篮纹、方格纹陶片，尖骨器，骨凿，蚌刀，石锛，石斧，砺石	龙山
褐色“鸡矢瓣土”	2–3 米	光面红陶片，粗陶片，带彩陶片（这层出土遗物极少）	仰韶
深灰土	3–5 米	带彩陶钵，光面红陶片，粗陶片，尖骨器，琢成石器	仰韶
黄沙土	5 米以下	不出文化遗物	

这两个坑没有浅灰土，因而未发现小屯文化遗物，如厚重灰陶片、炭渣、铜锈等。有些坑则发现了小屯文化遗存。它们都处于多种遗存的上层。根据各坑不同地层的出土遗物，梁思永认为后岗存在三种文化层:上层包含的是白陶文化（即小屯文化）的遗物；中层包含的是黑陶文化（即龙山文化）的遗物；下层包含的是彩陶文化（即仰韶文化）的遗物。当然，梁思永所谓“白陶”、“黑陶”、“彩陶”只是三种文化层的代表性遗存，而非全部。但他从复杂的堆积状态中归纳出具有

普遍意义的文化层，从而触及人类文化遗存的规律性。他说："如果把地层上下的次序，依考古学的基本原则'翻译'成时间的先后，我们可以知道后岗上在白陶文化的人居住之前，黑陶文化的人曾在那里居住过；在黑陶文化的人以前，又有彩陶文化的人在那里住过。"他认为，后岗三个文化层的先后关系"是中国考古学上极重要的一个发现"。这个发现之后，我们知道了以城子崖为代表的黑陶文化的地位及其与白陶文化、彩陶文化的关系。这种看法是完全符合事实的。这样，他不是以水平层来归纳、认识发掘的遗物，而是凸显文化层的意义。

关于文化层，梁思永主编的《城子崖》报告中进行了较详细、具体的阐述。该书指出："包括人类遗物的土层，我们称之为文化层。文化层的土色，因为含着腐烂植物纤维和其他有机质物（亦称腐殖物）以及柴灰，故常呈灰色或黑色。"古人的垃圾随随便便在门外堆积起来，日久年深，堆积物一年高于一年，形成很厚的文化层。根据自然的规律，较进步的文化层总是处于上层。由于人们不免破坏早些时期的文化堆积，因而文化层中常有不同时期的文化遗存混杂。不过，经过同一地区或不同地区的广泛发掘，文化层的基本面貌仍然清晰可辨。1931 年春天，梁思永第一次发掘后岗之时，小屯与龙山之间的文化次序还不甚清楚。梁思永主持了城子崖第二次发掘后，对黑陶文化进行了充分了解、分析。这样，他进行第二次后岗发掘时，文化层现象便已明朗了。可见，文化层是梁思永经过多处遗址的比较研究发现的，而后岗发掘为此提供了契机。这个发现当然也包含了史语所同事的辅助贡献。

文化层对考古学及认识中国史前文化具有重大意义。对于中国这样的文明古国，古物的遗存往往错综复杂。文化层是现代考古学的一把钥匙，也是重新认识考古学结论的重要方法。文化层的观念导致了现代考古学的深刻变化和巨大进步。梁思永的研究重心是新石器时代，他不可能依靠文化层澄清考古学界的全部谬误。然而，文化层方法对于旧石器时代、新石器时代和商周考古具有普遍意义。梁思永对仰韶遗存研究不多，他注意到不同地域以彩陶为主要特征的"仰韶文化"，与其他文化互相影响、重叠的问题，但又多沿袭安特生的说法，没有区分不同时期的仰韶遗存，笼统地称为"仰韶文化"。不过，一些学者在梁思永的基础上颇多创见。例如，刘耀根据后岗三叠层文化的发现，重新研究安特生的考古资料，纠正了关于仰韶文化的一些误解，肯定了龙山文化后于仰韶文化；吴金鼎在侯家庄井台子发现了小屯文化、龙山文化和仰韶文化的叠层关系；有的学者也在河南西部、山西南部、陕西等地发现了与后岗类似的文化叠层。

李济总结 1930 年代初的考古学成就时说：“这时田野考古的组织及训练上，均渐臻完备。”有的论者就此指出：“这种完备主要体现在地层学方面——以文化层而不是人为的水平层划分地层以及对遗迹打破叠压关系的正确处理上。”这种看法言之有理，而梁思永是这方面最重要的功臣。1920 年代，考古发掘的重心是仰韶和殷墟，学者的论题多关注仰韶彩陶文化与商文化。后岗三叠层文化发现之后，考古学的领域大为拓展。仰韶文化、龙山文化、商文化的相互关系，三者的内部分期和地域特征等成为研究重心。于是，中国现代考古学日趋繁荣，人们对史前文化的研究逐渐深入、具体。

二　重识远古文化

中华文化源远流长，三皇五帝及各种神话传说丰富多彩。它们反映了灿烂的古代文明，但这些传说毕竟不是真实的历史记载。近代科学、民主思潮推动了历史学的深刻变革。“五四”以后，顾颉刚、胡适、钱玄同等新一代学者，提出了一个振聋发聩的观点：中国“古史是层累地造成的”，盘古以来的三皇五帝都是子虚乌有，夏、商、周三代历史也充斥着传说和谬误。于是，一股疑古辨伪思潮蓬勃兴起。这股思潮动摇了儒家经典的神圣地位，有助于澄清古史事实。然而，它也冲击了人们对中国古代历史文化的信念，引起学者们的不同回应。1920 年代是重新认识中国文化的关键时期。在西化潮流中，中国文化经历着凤凰涅槃式的新生。中国学者必须对来自内外的思想冲击予以回应和解释。

既然三皇五帝纯属传说，那么，如何认识中华民族的起源？如何看待远古文化？梁启超融合中西学术方法，重写中国历史，阐发古代文化；王国维鉴于甲骨文、金文史料，提出了“二重证据法”，即以“地下之新材料”，“据以补正纸上之材料”。他所“证明”的历史主要是夏、商、周三代，尤其是殷商史。王国维认为，由于地下史料的发现，因而“虽古书之未得证明者，不能加以否定，而其已得证明者，不能不加以肯定。”这针对于“五四”以后的疑古思潮，体现了对中国古代文化的珍视。王国维的“二重证据法”诚然有用，但他的发现不多，主要表现为文化信念。这种信念又随着他的自杀而消逝。人们寄望于考古学能重写中国古代信史。而梁思永、李济等人，真正以“地下之新材料”再现了史前文化之辉煌。

（一）否定“中国文化西来说”

文明或文化的起源，是任何一个文明古国都不可回避的问题。在世界历史上，两河流域与印度古代文明均有密切关系，这已是不争的事实。关于中国文明的起源，则长期形成了传播论和独立演化论两种看法。中国有灿烂的古代文明，而史前文化却“茫昧无稽”，只有从黄帝、神农、伏羲到尧、舜、禹的历史传说。自明末东西文化直接交流发生以后，这种悠久的解释系统便不断遭到西方的冲击：一些西方汉学家雾里看花，根据中国的象形文字，断言中国文明起源于埃及，或者巴比伦。19 世纪，“中国文化西来”的说法没有减少，而且，其“根据”也由文字扩大到风俗、人种、典章制度等方面，“源头”也由埃及、巴比伦扩大到印度、中亚、西亚等地。奇谈怪论，不一而足。

即使在西方，“中国文化西来说”也受到一些学者的批评。“西来说”并非都具有殖民主义性质，不过也非纯属学术失误，实际上也反映了中西文化的内在冲突：不仅在两者的相互排斥，而且体现在对中国文化的曲解、贬损。“中国文化西来说”源于欧美汉学家，流播于西方和中国，折射出西方人对中国文化的偏见。因此，19 世纪至 20 世纪初，不少爱国知识分子抨击它为“文化上之帝国主义”。有些人提出的“西学源于中学说”未必没有针锋相对的意味。但是，无论“三皇五帝”的传说，或者“西学源于中学说”，都缺乏说服力。撇开其爱国情结不说，学术上并不比“中国文化西来说”高明多少。重建中国文化的信念，再现中国文化的价值需要新的历史证据。正如当时何炳松指出：“假使吾国考古学发掘之事业不举，则吾国民族之起源问题即将永无解决之期，而吾人亦唯有自安愚鲁一法。盖中华民族之起源问题本属未有文字以前之历史上问题。而中国未有文字以前之过去情形，则至今未经考古学家之探究者也。”于是乎，无论西方人，还是中国学者，都寄望于考古发现来解释中国文明的起源。

1914 至 1924 年间，瑞典学者安特生被聘为北洋政府农商部矿政顾问。1921 年 4 月，他在河南省渑池县发现了仰韶遗址，驱散了所谓中国无石器时代的迷雾。他的《中华远古之文化》一文,介绍了仰韶文化,对于中国考古学颇具意义。然而，安特生以考古遗存阐释中华文化起源时，未能脱离“西来说”的窠臼。鉴于仰韶与中亚彩陶纹饰的相似性，他断言：仰韶彩陶文化“当由西东来，非由东西去也。使他日可证明制陶器之术来自西方，则其他文化或种族之特性，亦可由此输入”。所以，“因仰韶遗址之发现使‘中国文化西来说’又复有希望以事实证明之”。在这种思想的驱动下，安特生决定到甘肃、青海的河谷地带寻找遗址，得到中国文化西来的“证据”。1923 至 1924 年间，安特生等人在这里找到十里堡、罗汉堂、朱家寨、辛店、齐家坪、马家窑、半山、沙井等一系列遗址。这些遗存与仰韶遗存的年代先后不一，多属于新石器时代的彩陶文化。令安特生迷惑不解的是，半山、马厂出土的陶器彩绘比仰韶更为繁缛。这些出土彩陶更像东欧、西亚的新石器时代遗存！本来，西北遗存反映了中原文化影响及相互交流的情况。安特生的解释则恰好相反，西北遗存成为彩陶文化，乃至文化西来的“证据”。1920 年代，国内外附和安特生的声音并不少见。安特生是中国现代考古学的推动者，又扭曲了考古学的价值，给史前文化问题造成了混乱。

否定“中国文化西来说”，回归历史真实，是中国学者的使命。随着中国的考古发现，这一使命才得以完成，自从仰韶文化和殷墟发现以后，中国文明起源问题的主题是：新石器时代的彩陶文化和殷文化的来源。

关于彩陶文化，李济发掘了西阴村遗址以后，根据陶器的制作技术，指出仰韶、西阴村的水平均超过中亚及近东的同类品。因而，他对彩陶文化西来说表示怀疑。梁思永分析西阴村陶片时，没有针锋相对否定彩陶文化西来说，但并未附和安特生的观点，他比较了远东各国的考古发现，认为：

> 我们从现存文化遗物所可得而断定的是，在新石器时代的后半期，远东存在着两大基本陶器型式。这就是，在北方构成中国（本土）满、蒙陶群基础的绳纹陶和集中在亚洲最东南端的无彩陶器，在西阴文化时代——可认为与安特生的仰韶文化相同——在这种绳纹陶的基础上繁荣着一种彩陶，而且

由西方的甘肃一直伸展入东方的奉天。

中国新石器时代彩陶的发祥地及其与亚诺报告中所载彩陶间明显关系的真实意义迄今仍不易解决。

他并未忽视中原远古文化与域外文化的相互影响，而值得注意的是：第一，他认为彩陶是由中国本土的一种古老陶饰发展起来的。绳纹陶确是中国北方的一种基本陶器型式，是彩陶形成的基础。后来的考古发现和研究证明了这点。显然，梁思永的观点事实上已对彩陶文化西来说持异议。第二，他没有否定中国彩陶文化与中亚亚诺文化的相似性，但并不因此而承认两者的渊源关系。他认为没有新的考古发现前，中国彩陶文化的“发祥地”悬而未决。

李济、梁思永拒斥了“中国文化西来说”。然而，1920 年代的考古发现并未对此予以致命打击。殷墟的发掘丰富了殷商的历史画面，昭示了远古文化的复杂性。然而，仰韶彩陶文化递嬗到商周青铜文化的轨迹依然模糊不清，两种文化之间存在着巨大的历史断层。梁思永的保守估计也在 500 年以上。事实上，仰韶文化的年代未能确定，渊源更是晦暗不明，或被曲解。梁思永关于彩陶之前存在着绳纹陶的观点未能引起足够的重视。1930 年代初，山东龙山文化（黑陶文化）和殷墟后岗文化三叠层发现后，才根本推翻了“中国文化西来说”。

1930 年、1931 年两次城子崖发掘，得到大量黑色有光的薄陶。它们与石器、骨器共同存在，说明为新石器时代遗存。于是，中国学者在黄河下游发现了与仰韶完全不同的系统——龙山文化（因在龙山镇附近而得名）。此后的几年中，在山东滕县、临城、日照两城镇及沿海等地发现了大量龙山文化遗址。河南的安阳、浚县、广武、巩县等地，安徽寿县等地也都发现了大量龙山文化遗址，总数达七十多处。梁思永介绍龙山文化的一般特征时指出：

这个文化最显著的物品是陶器。拥有这个文化的人民是极精巧的陶工。他们所制的陶器可与中国制陶技术所造出的最好陶器相颉颃。而形式的轻巧，精雅、清纯之处，也只有宋代最优良的瓷器可以与它媲美。这种陶器最占优势的颜色是黑色，所以其文化就有了“黑陶文化”的称号。

龙山文化增添了史前文化的辉煌，从而仰韶文化作为中国文化唯一源头的观念开始动摇。正如李济所说，城子崖的发掘“替中国文化原始问题的讨论找到了一个新的端绪。我们不但替殷墟一部分文化的来源找到了一个老家，对于中国黎明期文化的认识，我们也得了一个新阶段”。龙山文化给梁思永、李济等人带来了兴奋和喜悦。

那么，龙山文化如何成为殷文化的来源之一？这主要归功于梁思永的发现。龙山文化发现后，考古学界已把仰韶和龙山看作两个平行的史前文化系统。有的学者认为两者在中国的西部和东部独立存在，关系不大。果真如此，则仰韶、龙山与殷文化之间孰近孰远很难分辨。事实上，仰韶出土了彩陶、黑陶混杂的现象，而黑陶的数量、质量次要得多。看起来，对殷文化产生主要影响的还是西部彩陶文化。然而，1931 年，梁思永对安阳后岗三叠层文化的发现改变了这种格局。后岗上面的灰土层遗存与小屯殷墟类似；中层绿土与城子崖出土黑陶的黑土层情形相似；下层则类似仰韶的彩陶文化。这样，仰韶、龙山、小屯（殷）三种文化的关系就比较清楚了。

梁思永认为，龙山文化、仰韶文化都经过了长期独立的发展，但又发生过密切的关系。河南是两者交汇的密集地区。在安阳后岗一带，先是彩陶文化，然后是黑陶文化，最后是殷文化。而仰韶本是彩陶文化的领土而被龙山文化侵入。“仰韶彩陶文化自黄河上游向下游发展达到河南北部的安阳县高楼庄后岗和渑池县仰韶村之后，自黄河下游向上发展的龙山文化才侵入河南北部。它先到后岗，占领了彩陶文化早就废弃的遗址，后到仰韶村，遇着发达已过了最高点的彩陶文化。”两种文化进入河南各地早晚不一，但最后是龙山文化取代了仰韶文化。他说：“龙山文化最早期的时代比仰韶期的彩陶文化的时代早；它向西方有过几期的发展——例如早一期的到达了仰韶村，晚一期的到达了后岗。彩陶文化向东也有过几期的发展……但是与龙山文化接触之后就失去了她伸张的力量，逐渐衰败消灭，或移避他方。”这种推测是有根据的。河南安阳的浚县及其他地区都发现了类似后岗的文化层。梁思永仍以为彩陶文化从陕甘进入河南，却否定了彩陶文化作为殷文化的直接来源，凸显了龙山文化的重要性。

尽管如此，梁思永仍然谨慎地看待新石器时代到青铜时代的过渡。本来，青铜时代的农业、制陶、墓葬乃至宗教观念与新石器时代只有程度之别，而无本质不同。因而，分辨其细小差异并非容易。小屯文化的青铜鬲与龙山文化的陶鬲十分相似，却与仰韶文化差异甚大。梁思永研究了龙山文化与殷文化在陶器、石器及墓葬、占卜遗存的相似性，肯定两者的密切关系（参见《龙山文化——中国文明的史前期之一》）。但他不认为殷文化完全源于龙山文化：

> 龙山文化与小屯文化不是衔接的，小屯文化的一部分是由龙山文化的承继得来，其余不是从龙山文化承继来的那部分大概代表一种在黄河下游比龙山晚的文化。这个文化在它没有出现于小屯之前必定有一段很长的历史。要想解决殷代青铜、文字、兽形装饰的问题，还有待于这（小屯文化前身的）文化遗存的发现。

不论殷文化是部分地接受龙山文化，还是融合了黄河下游的其他古老文化，都显然不是“西来”。后来，安特生根据新的考古材料，继续为“中国文化西来说”辩护。然而，这种谬说失去了往日的诱惑力，不再有发现仰韶文化时轰动的场面了。

直到梁思永逝世，中国文化来源的讨论都没有结束。在中国这样的文明古国，这个问题确实太复杂了。岂止彩陶文化的来源有待研究，即是商文化的渊源也未解决。并且诸如传说中的夏文化与新石器文化、商文化的关系等，都模糊不清。梁思永表示有待于小屯文化前遗存的发现。数十年后，中国考古学取得了长足进步。一方面，随着科学的进步，确定了彩陶文化的绝对年代，仰韶文化的本土渊源更加明了；另一方面，由于河南偃师二里头夏文化的发现，郑州二里岗商文化的发现，中国文明从新石器到青铜文化的发展脉络更为清晰了。后来，又在山东发现了大汶口文化和岳石文化。前者早于龙山文化，后者晚于龙山文化。它们组成黄河下游一个完整的文化系列。正如夏鼐所总结的：

> 偃师二里头文化就其文化内容和所在地点而言，显然是从晚期河南龙山文化发展过来的。但可能又吸收了其他地区一些文化中某些元素，例如山东晚期龙山文化（陶器某些类型、铜器），晚期大汶口文化（陶器上刻画符号，

可能还有铜器），江浙地区的良渚文化（玉琮等玉器），西北地区的甘肃仰韶文化（陶器上符号、铜器）等。我以为中国文明的产生，主要是由于本身的发展，但这并不排斥在发展过程中有时可能加上一些外来的影响。

关于夏文化的研究并没有终结。而这些研究却证实了梁思永关于商文化来源的预言。中国文化从本土发展起来，已经成为人们的共识。梁思永的论述不多，甚至没有专论正面驳斥“中国文化西来说”。然而，他的精辟见解对否定“中国文化西来说”，发现中国古文化做出了重要贡献。

（二）远古文化的多源性

梁思永为数不多的史前文化论著，总是给人一种独特的思维视野。夏鼐曾经指出：梁思永“主持大规模的发掘工作时，能照顾到全局，同时又不遗漏细节。室内研究方面，对于中国新石器时代的考古学，有很多很重要的贡献。他所写的论文和报告，都很严谨，同时又能从大处着想。”这个评论非常正确，却又语焉不详。梁思永的学术研究是微观与宏观的有机结合。微观之处见精深，宏观的把握见高度和广博。前者如对西阴村陶片的研究、昂昂溪石器的研究；后者如《远东考古学上的若干问题》《小屯龙山与仰韶》等文。

1930年代，中国考古学起步不久，史前文化史千头万绪。梁思永不能超越时代，留下系统、详细的史前文化史研究文字。然而，他的一些宏观论述则具有持久价值，给人以丰富启示。他探索了新石器文化到青铜文化的发展脉络，又较早地注意了远古文化的区域分布。如果说，前者把中华文化建立在坚实的本土根源上，那么，后者则向人们展示了中华文化的多源性、融合性。两者相互补充，使他的见解更为深邃。

黄河中下游是中华文明的摇篮，但并非唯一文化源泉。忽视中国文化的多源性往往导致文化起源问题的困境，也不能理解中华文化的包容特征。1930年代，考古发现集中于黄河流域。这些遗址已经表现出远古文化的复杂性。有的论者就因不能解释这种复杂性而附和西方人的“中国文化西来说”。梁思永对东亚考古涉猎较广，思维视野开阔。1920年代末，他的第一篇论文就注意到远东的两个陶器类型，即中国北方的绳纹陶和亚洲东南部的五彩陶。他关于远东考古学的论文明确指出：

> 在新石器晚期，一定的地方性特征，似乎在不同地区均有所发展：华北是宽平有孔石刀，尖底三足罐（译者按：这指陶鬲）和彩陶。满、蒙则为饰有划纹、印纹和模制纹饰的高足罐。正如渤海湾以北地区之混合型的陶、石器所表明的那样，这两个地区的文化源流，似乎约当华北新石器结束时会合于该地。

梁思永重视新石器文化的地域性和相互融合。他分析东北新石器文化遗址也认为："西辽河以北之热河同松花江以北之东三省为一区，打制石器及印纹（至少在热河）陶器；辽河流域（广义的）为一区，磨制石器。"他解释后岗三叠层及河南地区的新石器文化形成更是如此。这里不必赘述。

龙山文化发现后，考古学界的热情高涨。不久，黄河中下游、杭州湾地区都发现了新石器时代遗址。如何认识这些遗存的时间序列及相互关系？考古学界意见不一，也不深入。人们把这些发现笼统地称为龙山文化，而对其文化差异不甚注意。1939 年，梁思永写了《龙山文化——中国文明的史前期之一》，文章不长，而见解丰富。他将已发现的七十多个"龙山文化遗址"进行了地域性划分。他认为："这些遗物，尤其是陶片，显示出不可忽视的确定的地域差异。"因此，他将龙山文化暂分为三个区：第一，山东沿海区，包括龙山、日照一带。其陶器特征是有大量的三足器、三足盘、有流的空足的三足器等。第二，豫北区，包括河南北部遗址。这里的陶器多椭圆形罐，不像山东沿海区的矮罐那样肥矮，陶器较大。此外，三棱圆柱形的石镞、骨镞及多孔火眼的炉灶是这里特有的。第三，杭州湾区，包括杭县附近的遗址。这里的陶器有不同高度的圈足的豆和皿、圈足杯、具有或没有圈的短颈罐和实足的特式的鼎。大量的圜底、圈足和平行横线的凸纹，是这里异于其他两地区的特征。梁思永的研究，不是完全准确。后来的研究说明，杭州湾区的遗存与龙山文化有较大区别，一般称为"良渚文化"。此时，梁思永并不像有的文章所说否定了笼统的"龙山文化"概念。

但这并未贬低他的贡献。因为：第一，他指出了杭州湾区与山东沿海、豫北遗存的较大区别，并肯定此处所谓“龙山文化”是比别的龙山文化相较晚的堆积，与金属文化已有接触。这显然是正确的。第二，他认为，豫北及山东（如城子崖、两城镇）的龙山文化都早于殷文化，杭州湾的良渚遗存则较晚，而与殷文化发生密切关系的则是豫北区。这实际上不仅把良渚的遗存区别开来，而且将豫北、山东的龙山文化区别分析。第三，他没有忽视其他地区龙山文化的特点。即使在河南省内，他将豫北区与其他地区的龙山文化遗存区别看待。他所谓“豫北区”，是比较典型的龙山文化遗存，以区别于豫西等地混杂着彩陶、灰陶的龙山文化。又如安徽中部寿县的龙山文化，他认为因地理上处于上述三个区域的三角地带之中，在陶器上也反映出来。豫北陶器的印饰纹、杭州湾陶器的圜足和圈足，山东沿海区陶器的实足，这里都有显著遗存。

这些论述重视龙山文化的地域性，又看到了相互之间的传播和影响。这既为廓清笼统地“龙山文化”概念，确定新的文化类型奠定了基础，又展现了不同地区间远古文化相互融合的历史画面。研究古代文化，不仅应注重其传播流向，如东渐或西传，更重要的在于探讨中国文化发展、生命长青的内在动力。我们当然不能忽视社会生产力、经济基础的作用。然而，在人类历史的长河中，可以说，越是生产力落后的古代，地理环境的作用越突出。在中国这样一个地域辽阔、环境不一的国度，岂可忽视地理因素的重要性？梁思永向人们揭示：不同地区孕育着不同特征的远古文化。这些文化间的不断交流、融合，产生更加发达的文化，创造了中华文化发展的内在动力。从注重中国文化起源、发展的单线流向，到注重文化的地域性和多源融合，这深化了对远古文化的认识。事实上，这对于理解三代以后的中华文化也具有启发意义。

（本篇节选自《新会梁氏：梁启超家族的文化史》，中国人民大学出版社，1999年。题目为本书编者所拟。）

梁思永先生对中国考古学的五大贡献

——纪念梁思永先生诞辰 100 周年

孙文政

我国著名考古学家梁思永先生,1904 年 11 月 13 日生于上海(按:应为澳门),1954 年 4 月 2 日在北京逝世。梁思永先生是中国考古学的先驱者之一，早年留学美国哈佛大学研究院学习考古学和人类学。1930 年，他放弃国外优越的工作环境和生活条件，义无反顾地投入到祖国的考古学事业。他的许多学术活动，赢得了国内外考古学界的赞誉。他的具有中国特色的考古学，突出了中国考古学在世界考古史上的地位，使我国的考古学事业进入了一个崭新的历史时期。在昂昂溪遗址考古发掘 75 周年来临之际，笔者从梁思永先生短暂一生对中国考古学事业做出的诸多努力，归纳出五大卓越贡献，以表对梁思永先生的深切怀念。

一　建立科学的考古方法

梁思永先生在美国留学期间，就特别关心祖国的考古学事业。为了解国内考古的具体情况，他往返中美之间，对中国及亚洲东部地区考古资料，进行综合研究和全面地分析。1929 年定稿的《远东考古学的若干问题》一文，是中国考古学史上的一篇指导性论著。他把亚洲东部地区的旧石器时代遗址分成不同的文化群，对动物化石和文化面貌进行了全面分析，指出各文化遗存之间的异同和要解决的问题及方法。他把中国的考古资料纳入亚洲范围来研究，在考古理论方法上，对我国史前时期的文化类型和分期分布有着指导意义。

1930 年发表的《山西西阴村史前遗址的新石器时代的陶器》一文，是“中国现代考古学中最早的一篇专题研究著作”。先生根据众多的陶片在地层中的分布情况，同国内外其他新石器时代遗址进行广泛对比，这种分类统计的类比研究方法，对我国考古报告的编写产生了至深的影响。

上述两篇著作的问世，形如我国考古学史上的两块基石。使在不同时期堆积的多层遗址得到了正确的发掘，并能科学地研究其遗址的分期编年问题。“改变了过去那种考古工作的混乱局面，为我国的考古工作找到了解决问题的金钥匙”。虽是 70 多年前的旧作，但对今天的考古方法仍具有重要的指导意义。

二　树立田野考古工作的光辉典范

1930 年，刚从美国回国不久的梁思永，作为一个热血爱国青年，抢在日本帝国主义发动侵华战争之前，他顶着鼠疫，冒着战火的危险，从容来到荒凉的黑龙江昂昂溪，在特殊情况下主持昂昂溪五福遗址发掘，这是梁思永先生在中国考古学史上的一次爱国壮举。梁思永先生以高度的爱国主义精神，精细的工作，富有创造性地把地层学应用于昂昂溪五福遗址发掘工作中。这是我国田野考古工作的首次科学发掘，为中国田野考古工作积累了丰富而宝贵的经验，奠定了田野考古工作的基础。夏鼐在《梁思永先生传略》中说：“先生在学术研究上的贡献，野外考古工作方面，自加入殷墟发掘团后，对于组织上和方法上都有重要的改进，提高了我国田野考古的科学水平。”特别是梁思永先生采用地层学方法，找到了仰韶文化、龙山文化和殷文化三者之间的关系，纠正了当时一些学者的错误认识。并通过大量田野考古资料，驳斥了西方一些学者的论据，从根本上否定了西方学者“中国文化西来”的论断。使我国田野考古工作开始跨入世界先进水平，先生在中国考古学史上树立了不朽的丰碑，为后来田野考古工作树立了光辉典范。

三 培养了大批考古专业人才

安志敏先生说："他对中国考古学人才的培养做出了重要贡献，我国老一辈考古学家，像已故的夏鼐、尹达、郭宝钧和尹焕章等人都在历次殷墟发掘中受到梁思永先生的熏陶和培育。"尤其是先生在病床上还组织青年干部的培训工作，"从治学方法到思想修养无所不包，以督促和爱护的心情，帮助我们克服思想上和学习上的缺陷，为考古研究所培养了一批新的骨干，也使我们终生受益匪浅。"为了培养考古方面的专业人才，梁思永先生积极举办考古工作人员的训练班，许多教学工作他都认真地建议和安排。先生在病重期间，还特别关注一些青年考古工作者的报告编写问题。他在病床上，用铅笔在便条上所完成的《殷代陶器》和《考古报告的主要内容》两稿，是为辅导青年考古工作者编写考古报告所写的提纲。它对考古报告的编写具有很大的指导意义，使许多青年考古工作者受到教益。

四 树立艰苦奋斗的精神

梁思永先生于 1930 年 9 月 28 日至 10 月 6 日，在昂昂溪五福遗址进行考古发掘时，工作条件极其艰苦，每天都要徒步往返驻地与遗址之间，秋冬之交的昂昂溪天气特别寒冷，梁思永先生及其助手每天去考古工地时，都必须脱掉鞋，把裤脚卷到大腿根儿处，光着脚趟着冰凉的积水，才到达遗址。昂昂溪遗址发掘之后，他转道通辽，在今辽西、冀北境内进行了 38 天的田野考古工作，"所走的路程在 1000 里以上，在五处遗址采集大量的新石器时代的文物标本"。1931 年春，"便去参加安阳小屯及后岗的发掘"。秋天参加山东历城龙山镇城子崖的第二次发掘。由于田野考古工作的辛苦与劳累，1932 年春，先生患烈性肋膜炎病倒了。1934 年病情刚一见好，即奔赴安阳西北岗殷墟的发掘工地。这是一种崇高的爱国主义精神，在考古领域的具体表现。抗日战争爆发后，打乱了先生的考古工作计划，即使在颠沛流离的环境中，他仍坚持考古研究工作。新中国成立后，他特别高兴，以病弱的身体为我国的考古学事业积极而努力工作。先生的这种艰苦奋斗、不怕困难与病魔做斗争的忘我工作精神，影响着我国一代又一代的考古工作者。

五　提倡严谨的考古学风

考古学是用实物资料来研究古代历史的一门科学，这就要求资料的来源必须是考古工作者亲身发掘的第一手资料。梁思永先生和助手在荒无人烟的昂昂溪五福遗址水淀里奋战了六天，亲自挖掘了四处沙岗，出土了大批珍贵文物。从 1930 年至 1935 年的三年时间里，参加了七次大规模田野考古工作，所发表的几种著述，都是中国考古学史上的精辟论著。夏鼐先生说：“梁思永先生在野外工作中能注意新现象，发现新问题。主持大规模的发掘工作时，能照顾到全局，同时又不遗漏细节。”安志敏先生在回忆时说：“令人难以忘怀的是，我为训练班和考古专业所准备的讲稿，事前都经过梁思永先生的审阅和批改，不妥之处也一一注出”。我们从先生的著述和夏鼐先生的评价及安志敏先生的回忆，深深地感到梁思永治学特别严谨，“这也是他对中国考古学事业做出的重大贡献”。

（本篇原载《中国文物报》，2005 年 1 月 28 日。）

“纪念梁思永先生发掘昂昂溪遗址80周年暨昂昂溪考古学术研讨会”上学者们对梁思永及其对昂昂溪史前遗址发掘的看法

原故宫博物院院长张忠培先生发言摘要

昂昂溪发掘是中国考古学奠基时期极其重要的一项考古工作，原因在于：

第一，昂昂溪发掘开创了中国现代考古学的基础，是中国现代考古学的标志。中国考古学是不是现代考古学，要靠发掘而不是地域调查。

第二，昂昂溪发掘是东北考古发掘的第三次，是中国考古发掘的第六次。它的意义是提出了一个新的文化，这种文化的经济类型是渔猎型的。

第三，昂昂溪发掘就东北乃至整个中国来说，是中国考古学发掘的标志。在当时的情况下，昂昂溪的文化应该是以墓葬为代表的。当时对墓葬发掘得很少，而且，对昂昂溪的考古是中国学者第一次在中国东北的考古，也是中国政府行为的第二次。所以，对以昂昂溪的墓葬发掘为代表的考古工作对当时的中国考古的奠基有着十分重要的意义。1988 年，昂昂溪遗址被确定为国保单位（全国重点文物保护单位）。

梁思永先生是中国考古学最重要的一位奠基人，主要在于：

第一，他确定了中国两种考古学文化（即 1930 年确认的昂昂溪文化和 1931 年主持城子崖发掘后确认的龙山文化）。

第二，他还确认了仰韶文化、龙山文化、殷墟文化的年代关系。

第三，他在 1935 年以后主持殷墟发掘，又在 1935 年之后到抗战爆发期间主持龙山文化的研究。中国考古学是从西方学来的，中国将西方考古学的原理与中国的实际相结合，创造中国考古学的自己的文化，需要一个探索的过程。这个探索过程有梁思永先生的突出贡献。他是中国考古学地层学的奠基人。

梁思永先生能成为中国考古学奠基人，是有其深刻原因的。首先，我认为他研究考古学有一个广泛的知识背景。如昂昂溪发掘，他所做的准备工作，不仅限于昂昂溪当地，而是整个东亚系统。其次，他广泛读书，把研究工作看作第一位，深入田野第一线，发现问题、研究问题，不断积累田野里面的资料，能准确地抓住考古里面的前沿问题。最后，他有一个务实求真、严谨认真的学风。从早期写的报告，到现在的材料方面，都可看出这一点。

我们怎样评价梁思永先生？我 1988 年时就说过，要把他放在当时的历史中来评价，要看他对考古学多做了些什么，这才是对历史正确的认识。我们不能站在现在的历史层面来看待梁思永先生，但即便是站在现在的历史角度来看梁思永先生，他也是在中国考古学上一座永远存在的丰碑。

吉林大学边疆考古研究中心赵宾福先生发言摘要

1930 年，我国著名考古学家梁思永先生主持了黑龙江省齐齐哈尔市昂昂溪遗址的发掘工作，发现并命名了东北地区的第一个史前考古学文化——昂昂溪文化。80 年前的今天（2010 年 9 月 8 日），我们应邀来到这美丽的齐齐哈尔，参加“纪念梁思永先生发掘昂昂溪遗址 80 周年暨昂昂溪考古学术研讨会”。一方面，表明齐齐哈尔市没有忘记梁思永；另一方面，说明梁思永仍然活在中国考古工作者的心中。

汇聚齐齐哈尔、纪念梁思永、研讨昂昂溪文化，将一座城市、一个人和一个文化紧密地联系在了一起，既有其内在的逻辑，又有其深远的历史意义和重要的现实意义。

梁思永是一位伟大的中国考古学先驱，对中国考古学的进步和发展起过巨大的推动作用。他的生命是短暂的，但做出的贡献是永恒的，留给后人和追随者的思索是无限的。今天我们聚集到一起，纪念梁思永，学习梁思永，目的是为了更好地继承梁思永和发展梁思永。但是到底学习他什么，继承他什么，我想每个人的感触和理解都会有很大的不同。我的体会是，从梁思永身上，我们看到的是一种风范。这种风范可具体分解为六个方面，即：爱国心、事业心、责任心、奉献意识、创新意识、课题意识。这“三心三意”所体现的“梁思永风范”应是当代考古工作者，特别是年轻考古工作者，最应该学习和继承的东西。……

梁思永先生只活了 50 岁，无论与同代人相比，还是与后来人相比，他的一生都是短暂的。但是，在这短暂的生命里，却充满了无限的光彩，释放着永远的光芒。他的高贵品质和职业操守，不是哪一位学者都能拥有的。他的坚忍执着和无私奉献，不是哪一个人都能做到的。他的“三心三意”，实际上代表的是对中国考古事业的“三心三意”。先生留给后人的不是一段感人的故事，也不是十几部著述，而是一个考古学家永恒的风范、不朽的精神、永远的力量。正如夏鼐先生所言：“先生那种忘我的工作精神，将永远成为鼓舞我们前进的力量。”

中国社会科学院考古研究所朱延平先生发言摘要

梁思永先生在考古学上最主要的贡献是关于考古地层学的，这一点早已成为中国考古界的共识。经过 1931 年河南安阳后岗遗址发掘而确认的三叠层，则是梁思永这一最主要贡献的代表。正如尹达先生在《悼念梁思永先生》一文中所说的：“1931 年的春天和秋天，思永先生主持河南安阳后岗遗址的发掘工作，在这里找到了小屯文化、龙山文化和仰韶文化之具体的层位关系，从这样明显的堆积现象上，确定了龙山文化早于小屯文化而晚于仰韶文化；最少也应当说在河南北部这三种文化的时代序列是基本上肯定了。这好像是一把钥匙，有了它，才把猜不破的谜底戳穿了。这是中国新石器时代考古发展中的一个极其重要的转折点。这功绩当归之于思永先生。”

在中国考古学刚刚起步的阶段，梁思永先生为什么就能在方法论问题上获得突破性进展，这是非常值得我们深思的。……

诚然，丰富的田野经验是成就这一功绩的基础因素，而同样不可忽视的，应是梁思永先生对以不同遗址为对象的地层学素材的长期关注和敏锐观察。众所周知，到 20 世纪 30 年代，中国境内正式的考古发掘事项并不是很多。总体而论，田野工作实践经验尚欠积累，对地层学的理解和运用远不够成熟，尤其是在怎样划分地层这个基本问题上往往表现出较低的认识水准。如，在不少发掘工作中对不同地层的区分，往往只是停留在距地表深度这一指标上，土质、土色仅居次要地位，至于堆积层中的包括物，更是少有关注。

但是，梁思永先生却很早就注意到，这样的做法在理解考古遗址的地层上显然是有问题的。所以，在遇到像昂昂溪五福那样的文化性质和堆积相对单纯的遗址时，梁思永先生便独到地做出了地层学思考。……

正是通过像五福遗址那样的田野实践，梁思永先生才能在后来的安阳后岗的发掘中揭示出著名的三叠层时序关系。那张充满着梁先生考古地层学思想的“后岗遗存理想断面图”述说着梁先生对后岗遗址三个时期遗存先后顺序及各自分存特点的理解，也终于使起步阶段的中国考古学获得转机，逐渐成长和进步。而此前的五福第三沙岗的发掘，在地层学方面不失其重要意义，正可视作后岗三叠层的前奏。

思永读

第九章
血脉亲缘　永驻心间

你将来如何才能当得起「中国第一位考古专门学者」这个名誉总要非常努力才好

我的三叔梁思永

梁再冰

梁柏有按：为了纪念三叔梁思永诞辰110周年，年过八旬、体弱多病的梁再冰（梁思成之女）应我之邀，在短短数月间，写下了这篇通俗、详尽的关于梁思永考古工作及其对中国考古事业做出重大贡献的纪念文章。在收集有关资料的过程中，她为梁思永对事业的执着、“拼命三郎”式的工作态度、一丝不苟的为人所感动。全文如下。

我的三叔梁思永是一位考古学家，他是田野考古学在中国刚刚起步时，参与开拓这个现代学科的第一代学者之一。

思永叔是祖父梁启超（任公）的第二个儿子（排行第三），1904年生于澳门。他出生时，我的父亲梁思成（1901年生于东京）已满3岁。这段时间正是戊戌变法后，梁任公流亡日本期间，他们一起在异国他乡度过了童年，都曾进入日本神户华侨开办的中华同文学校学习。

梁任公于1912年回国，1913年，还不满9岁的思永叔同全家人一起回到国内。这一年，我的父亲已12周岁。

1915年和1916年，梁思成、思永兄弟先后进入北京清华学校学习，其前身是留美预备学校，学制八年，毕业后可以进入美国大学二年级。清华学校的校训是“自强不息，厚德载物”，实行“中西文化荟萃一堂”的教育。

为何选择现代考古学作为专业

1924年，梁思永从清华学校毕业后到美国留学，进入哈佛大学二年级。他选择了现代考古学和人类学作为自己的专业。他是中国留学生中选择现代考古学（田野考古）作为专业的第一人。

梁思永为什么做出这样的选择呢？这是因为，首先，现代考古学是一门同许多自然学科有联系和交叉的综合性学科，它比较接近自然科学，但又同“人”这个主题关系密切，这样的学科比较符合梁思永因家庭熏陶和学校教育而形成的文化观念。

其次，现代考古学要求学者走出书斋，到田野中“动手动脚”，不仅要“劳心”而且要“劳力”，从地下挖掘古代人类的遗存，实地考证古代人类居住的遗址和遗物，从中探索人类文明的源头。当时是一门新的学科，也是一种比较先进的学术观念。

第三，梁思永在留学美国以前，很可能已经从他父亲的好朋友，地质学家丁文江那里，了解并掌握了当时国内外现代考古学的各种信息。丁文江1916年建立了地质调查所，同瑞典地质学家安特生和法国古生物学家德日进等都很熟悉，也了解他们在中国考古的情况。 如安特生在河南渑池县仰韶村发现新石器时代的“仰韶文化”等。

此外，很重要的是，梁任公尊重子女根据自己的兴趣和爱好选择专业，他对梁思永选择田野考古学作为专业是很支持的。梁任公一向关注中外学术思想的变化趋势，认为“学术思想之在一国，犹人之有精神也”，了解一个国家“文野强弱之程度如何，必于学术思想焉求之”。早在1902年，欧洲的考古学就已进入了他的视野。他自己虽然不是考古学者，但对现代考古学这一学科十分感兴趣。

在哈佛大学学习时期

1924–1927年夏季，梁思永在哈佛大学已经学完了与现代考古学有关的各种学科，包括地质学、古生物学、人类学、社会学、化学和物理学等，他还在1927年4–5月间到美国西部参加了对印第安人文化遗址的考古实习。1927年暑期，他获得了考古学学士学位。此前，他一直希望有机会参加一次国内的田野考古，梁任公设法为他安排，但都未成功。

回国实习一年

1926年底，李济（哈佛大学人类学博士）和地质学家袁复礼一起完成了中国学者的第一次田野考古。他们对山西省夏县西阴村的新石器时代遗址进行了挖掘和考古调查。李济当时任教于清华国学研究院，所以把在西阴村搜集到的大量陶片都装箱运回清华陈列和展出，国学院还为此举行了一次茶话会，李、袁都在茶话会上作了长篇报告。出席茶话会的人包括梁启超、王国维和梅贻琦等。

梁任公对中国学者的首次田野考古调查成果感到振奋，因此建议梁思永在1927年暑期回国实习一年，到清华国学院任助教，协助李济整理这批从山西夏县运回的陶片，梁思永欣然接受了这一建议。

梁思永在1927–1928年暑期，用一年时间整理了夏县西阴村的大批陶片，并且用英文撰写了《山西西阴村史前遗址的新石器时代的陶器》这篇论文。根据此文，当时他整理的出土陶片"总数为18728块"。他以严谨的学风，对这些陶片进行了分类统计：首先统计了"无彩陶"和"彩陶"两大类，再就"粗陶"和"细陶"，"未磨光陶片"和"磨光陶片"等做出更精细的统计；还就陶片上的纹饰，如"绳纹陶"，"细槽纹陶"和"划纹陶"等进行分类统计。

梁思永还从上万块陶片中精选了"1356块彩陶片"进行了更深入的分类研究，发现其中1349块为单彩陶，色彩为黑、红及白色；而7块为多彩陶，色彩组合为红黑及黄黑。对于这些丰富多彩的彩陶，他还用列表的方式，按其中颜色和花纹分别计算，例如：褐红地黑花846片，黄地黑花71片，白地黑花1片，暗褐红地白花 2 片……很明显，梁思永从这些陶片的整理中，得到了对西阴村彩陶的十分具体和直观的认识。他还将西阴村彩陶与河南渑池的仰韶彩陶做了比较，认为“仰韶和西阴彩陶之间，相同之点多于相异之点”，“两个遗址具有同一陶器组合”。他认为，西阴文化时代可认为与安特生的仰韶文化时代相同。

父子情深

1927–1928 年，梁思永在清华国学研究院整理西阴村陶片的一段时间，也是他同梁任公在学术思想上沟通密切的时期，父子之间的“学术对话”给当时健康不佳的梁任公带来了很大的快乐。他在 1927 年 12 月 5 日写给（在国外的）孩子们的信中说:“思永每次回家和我谈谈学问,都极有趣。我想再过几年,你们都回来，我们不必外求，将就家里人每星期开一次‘学术讨论会’，已经不知多快乐了”。梁任公在信中还说，现在家中是“思永做总司令，他这回回家，总算代表你们的职守了”。

按照梁任公的要求，梁思永在 1928 年夏天重回哈佛大学完成他的学业。这时他的哥嫂，梁思成与林徽因（我的父母）已结束留美学习回到国内。

非常不幸的是，半年后，1929 年 1 月 19 日，梁启超与世长辞，留给他的孩子和亲人们无限的哀思和怀念。

在哈佛研习时期

梁思永重回美国后，进入哈佛大学研究院，开始攻读东亚考古。他在 1929 年 2 月底完成了《远东考古学的若干问题》（英文）这篇论文，其内容涉及在亚洲大陆东部所发现的古人类遗址，地理范围很大，从南西伯利亚、华北、河套地区直到锡兰岛（斯里兰卡）和柬埔寨等地。尽管那时真正经过科学发掘和调查研究的遗址数量很少，梁思永还是尽可能地利用国外学者当时已发表的论著，从宏观层面探讨了有关东亚考古的一些问题。

他特别注意遗址文化层之间是否相互衔接和叠压，是否有“压迭地层”，他说：

“中国一些进行了考古发掘的地区，尚未显示任何趋向于互相衔接的文化层顺序”；在河套地区“在更新纪中期的旧石器堆积和表层新石器遗物之间”存在着一个“大空白”；在华北黄河盆地“只发现了新石器晚期遗址”，尚未发现有“新石器文化压在旧石器文化之上，或青铜文化压在新石器文化之上的压迭地层”。

他那时的阅读深入而广泛，并把握最新动态，从他遗留的读书笔记手稿中，我们发现，他曾详细记录了俄国人类学与考古学家弗拉基米尔·乔基尔森在西伯利亚和堪察加半岛进行考古调查的报告（详见本书第二章），这两篇报告 1925 年、1928 年才出版，是当时世界考古领域非常新的一本出版物，足见他掌握最新学术动态并予以研究记录的意识与欲望是何等的强烈。

发掘昂昂溪遗址——回国以后第一次田野考古

1930 年夏季，梁思永结束了在哈佛大学的学业，获得了哈佛大学研究院考古专业硕士学位。他立即回国，开始了他期待已久的在中国的田野考古活动。在李济的推荐下，梁思永参加了中央研究院历史语言研究所（以下简称“史语所”）考古组的工作。史语所成立于 1928 年 10 月，所长为傅斯年，下分历史、语言和考古三组。陈寅恪是历史组主任，赵元任是语言组主任，李济是考古组主任。

梁思永在 1930 年 8 月从丁文江处得知，热河省林西县和黑龙江省昂昂溪一带曾发现新石器时代遗址，希望史语所前去调查。傅斯年和李济当即决定让梁思永去“走一遭”。

1930 年是“九一八事变”的前一年，日本关东军正在积极策划占领东北。这时，傅斯年正在准备撰写“东北史纲”，他说：“日本近以‘满蒙在历史上非支那领土’一种妄说鼓吹当世，……以此为其向东北侵略之一理由”，因而对这种说法“不得不辩”。这是史语所当时派梁思永去黑龙江和热河做田野考察的时代背景。

梁思永在 1930 年夏天回国后不到两个月就前往东北考察。根据他撰写的考察报告，他在 1930 年 9 月 19 日由北平出发，先到天津，20 日他的助手王文林携带仪器用具赶到，由于“军运吃紧，客运完全停止，在天津耽搁三天”，离开天津后在辽宁停留一天，9 月 26 日抵滨江（哈尔滨），“9 月 28 日早 7 时半到昂昂溪”。

梁思永此行是中国人第一次到中国东北地区进行田野考古。在此之前，到东三省进行考古的都是外国人，特别是日本人，其考察范围当时还只限于松花江以南的辽宁、吉林两省，“考察最详细的地方是辽东半岛南端”，东北三省之一的黑龙江省当时还没有任何专业考古学者来过。

昂昂溪是黑龙江省西部的一个小镇，处于“东三省大平原北部的中心”，这里的新石器时代的文化遗址位于“嫩江与中东铁路交叉点之东南”，是一些长满了兔草的沙岗。梁思永说：这些沙岗周围是“一望无际的平原”，“这地方又是在嫩江水面泛滥之地，所以终年为水所淹没，是一片真正的（沼）泽地”，“（中东铁路）路堤的两旁就是两片水。堤北的水依然很深，时常有渔船往来；堤南的水较浅，各种水草的尖还露出水面，……据说这附近出产鱼虾，并且是打野鸭子的去处”。但是“要达到这些沙岗，除了冬天冻成冰以后，只有涉水一法”。当时梁思永和王文林住在昂昂溪镇上，每天走出镇外就“走上铁路路堤，跟着堤往西北约4600米，下堤，折向南，选水浅处涉水到沙岗”。9月底当地气温正在下降，但他们每天都要卷起裤腿赤足涉水。

梁思永一行在此条件下，从9月28日早上开始，对沼泽地中的四座沙岗进行了巡视考察。在其中的“第三沙岗”挖掘出一处墓葬，发现了一批随葬器物，包括完整的两个陶罐和许多骨器，但石器很少。他们又“以墓葬为中心，向东西南北四方挖掘深坑”，在深坑底层的黄沙上面有厚约1至2米的黑沙层，“文化的遗存就出自这黑沙层”。他们还在地面上采集了“幺（细）石器石片”。10月3日，“天时骤寒”，他们不得不停止工作。

梁思永在考察报告《昂昂溪史前遗址》中写道：“昂昂溪一带的沙岗是从前大湖边的堆积，而我们所发现的又是一种水边文化的遗存。这遗存里的兵器大部分是专为打水兽用的猎器。”他根据从墓葬中挖掘的可以嵌置幺石器的骨刀梗，认为“可以将这些幺石器和骨器归入一个文化期”，“以幺石器与遗址沙岗的环境为标准，昂昂溪的新石器文化不过是蒙古、热河的新石器文化的东枝（支）而已”。

热河之行

1930 年 10 月，梁思永和助手又经通辽到热河考察新石器时代遗址。此行原本是安排在昂昂溪考察之前的，但由于通辽一带发生鼠疫，不得不将行程推迟。他们于 10 月 21 日从通辽启程，经开鲁、天山、林东、林西、经棚、赤峰、围场、承德，再回到北平。前后 38 天，行程一千里以上（500 多公里）。

梁思永原本计划对林西县南的一处遗址进行挖掘，但在他抵达林西前几天，那里接连下大雪，雪水浸入“包含遗物的黑砂层”，接着又刮西北风，气温猛降至冰点以下，“黑砂层凝结得像石头一般坚硬”，工人们挖掘时，“连着折断了两根镢头的柄把，也没有在砂面上挖出半寸的痕迹”。他不得不“承认失败”，放弃挖掘的计划，只做一点地面遗物的采集工作。但是，采集遗物的环境也非常恶劣。他说：“热河经过接连三年不断的饥荒，当局的虐政，兵匪的横行，我们所经过的地方，除县城近郊以外，沿途触目都只见是人民抛弃下的村落田园——一大片整齐的砖屋土屋，几十里废弃了的田亩，看不见半个人影。……一路上人食、马草、燃料、宿息的地方没有一天不发生问题。……所以地面采集的成绩也很少”。

后来，他们一共在查不干庙、林西、双井、陈家营子和赤峰等五处采得地面遗物，他说：“这五处采得的遗物数量和种类都很有限，照理是用不着发表（报告）的”。但他还是在 1934 年撰写了《热河查不干庙等处所采集之新石器时代石器与陶片》这篇调查报告，因为当时“国人差不多没有人注意到热河新石器时代文化的存在”，而外国考古学者 29 年前就开始在热河进行考察了。他说也许这篇记录“还是第一篇专论热河新石器的中文文字”。

这篇报告发表之后，他在 1935 年 9 月又写了如下补记：“在这不到 4 年的期间，东北四省接连被日本军队占领了……追随日本军队之后，除了政治经济团体以外，还有所谓学术团体”。中国人的东北考古计划已被搁置，而日本人正在“积极替代我们做这工作！”他表示希望他这篇文字，能够“提醒我国考古学者不要忘记我们没有完成的工作”。

结束考察回到北平同李福曼结婚

梁思永从热河回到北平已是 1930 年 11 月 27 日。他同他的母亲（我的第二位祖母王桂荃，住在天津）以及兄弟姐妹们一起过了一个团圆年。

1931 年春天，他与自己青梅竹马的表妹李福曼结婚了。李福曼是我的第一位祖母李蕙仙（我父亲的生母）的侄女，本来是我的表姑，此时成为我的三婶了。他们的婚姻是全家人期待已久的一件喜事。那时我才一岁多，所以对这件大喜事没有记忆。但是后来，特别是抗战时期，三叔、三婶和他们的女儿柏有就成为我童年时代最常见的亲人了。

赴安阳参加殷墟发掘

1931 年春天，梁思永新婚不久即赴河南安阳参加殷墟发掘工作。殷墟是中国商代最后一座都城的遗址，是商王盘庚迁都到殷（大约公元前 1300 年）以后建造的，位于河南安阳西北郊，在洹河南岸的小屯村附近。史语所考古组从 1928 年开始发掘殷墟，这是中国人第一次有计划、大规模地进行田野考古发掘。在殷墟发掘工作中，梁思永主要参加了“两岗”，即小屯村后岗和侯家庄西北岗的发掘工作，在田野考古和学术研究两个方面，都做出了重大贡献。

后岗的发掘

后岗位于洹河南岸，是安阳县城西北（约三公里）的高楼庄北面的一个高岗，本地人因而称之为“后岗”。 它与小屯村相距约一公里。小屯村因为埋藏有大量甲骨早已远近闻名，史语所考古组最初就在小屯村进行考古发掘。后来，出土的殷商遗物越来越多，李济等人决定把在小屯村的考察范围扩大到包括村东南的后岗。1931 年春天，史语所考古组全体出动对小屯村进行“卷地毯”式的发掘，其中，后岗部分的发掘工作由梁思永主持，参加后岗发掘的还有吴金鼎和刘燿（后改名尹达）。

在后岗的发掘工作中，梁思永发现，这块高地不同土质土色的上、中、下三个地层中，包含着代表三种不同文化的遗物。他在《后岗发掘小记》中写道 ：“上层所包含的是白陶文化（即小屯文化）的遗物 ；中层所包含的是黑陶文化（即龙山文化）的遗物 ；下层所包含的是彩陶文化（即仰韶文化）的遗物”。他说 ：“如果把地层上下的次序依考古学的基本原则‘翻译’成时间的先后,我们就可以知道，后岗上在白陶文化的人居住之前，黑陶文化的人曾在那里居住过，在黑陶文化的人以前，又有彩陶文化的人在那里住过”。他说这是一个“极重要的发现”，因为此前我们只知道“中国东部在石器时代曾有一种黑陶文化，而对于这种文化与其他文化的关系是一无所知”。 他还说 ：“现在的高楼庄以北原来是一片平地，高岗是经过三次的居住然后堆积而成的”。梁思永根据这一发现，联系到此前在山东龙山所发现的黑陶，很快地就意识到，龙山文化（黑陶）是一个覆盖地区很广的史前文化层，对此，考古学界认为梁思永具有不同寻常的“地层学思考”。

梁思永的这一发现在当时的考古学界引起了震动。因为当时考古学界和历史学界正在争论彩陶文化和黑陶文化哪个在前，哪个在后。夏鼐先生说 ：“梁思永第一次依据地层学上的证据，确定了仰韶和龙山两种新石器文化的先后关系，以及二者与小屯殷墟文化的关系，解决了中国考古学上一个关键性问题。”尹达先生说 ：“找到了小屯文化、龙山文化和仰韶文化之具体层位关系，就找到了破解中国考古学之谜的一把钥匙。”

后岗发掘这一年，梁思永几乎全年都在田野发掘工作中度过。他在春季和秋季，先后领导后岗的第一、第二次发掘工作。在第二次发掘之前，为了进一步研究后岗的“三叠层”，他还同吴金鼎一起，在 10 月份到山东历城的龙山镇，参加城子崖遗址的第二次发掘，以便更具体地了解黑陶文化。

这一年，由于田野工作十分紧张和劳累，梁思永的体力和精力消耗很大。有一次，他在工地上因拉拽重物将肋膜拉伤，但未能及时治疗，同时日常作息饮食也不正常，于是 1931 年底当他返回北平时就病倒了，因发高烧住院后发现肋膜已化脓并大量出水。虽然经过治疗，这场几乎危及性命的大病被遏制，但这对他肺部的损伤很大。病后他只好暂停田野发掘，仅做室内工作，直到两年多以后才重返安阳的工地。

西北岗的发掘

后岗在洹河南岸，而西北岗则在洹河北岸，侯家庄以北，是殷王陵墓所在地。这个陵墓的发现突出地表现了梁思永根据实际情况做出正确判断和迅速采取行动的非凡能力。

1934 年 10 月，梁思永身体恢复后来到安阳，继续参加殷墟发掘工作。这时在洹河北岸的侯家庄一带，盗墓和出卖古代青铜器的活动十分猖獗，有人因此成了暴发户。消息传到梁思永耳中，立刻引起他的注意，当他得知墓穴位置靠近侯家庄时，马上指挥有经验的考古队员们深入调查，找到了墓地的具体位置——西北岗。

梁思永在指挥考古队试挖掘以后，立即集中人力和财力，在西北岗进行第一次挖掘，这次挖掘进行了三个月，发现了 4 座大墓和 65 座小墓，出土大量保存完好的青铜器。梁思永据此判断，西北岗就是殷王陵所在地，于是制定了大规模发掘西北岗的计划。梁思永的计划得到了李济的全力支持，但遇到了经费的困难，后经中研院总干事丁文江安排，由中央博物院分担一部分发掘经费，解决了经费问题。

侯家庄西北岗的大规模发掘一共进行了三次，由梁思永任总指挥，即:第一次，1934 年秋季（10 月 3 日至 12 月 30 日）；第二次，1935 年春季（3 月 10 日至 6 月 15 日）；第三次，1935 年秋季（9 月 5 日至 12 月 16 日）。发掘面积一次比一次大，从第一次的 3000 平方米扩大到第二次的 8000 平方米和第三次的 9600 平方米。在这三次发掘中，共发现 10 座建筑结构宏大的豪华大墓（其中有一座未建成）和 1221 个与大墓“有联系”的小墓。从周代和汉代开始，这些墓葬就不断地被盗，但这里出土的遗物之多仍然出乎人们的预料。

李济在《安阳》这本书中说：“侯家庄西北岗的第二次田野发掘计划，表现了梁思永非凡的远见卓识和他对实地情况的全面了解”，1935 年春天的这次发掘“是我们田野工作的高潮”，“这次发掘是最完善的组织工作和最高行政效率的典范”。他后来称梁思永是一位“天才考古学家”。

抗战时期，梁思永写出了侯家庄西北岗王陵发掘报告的初稿，还拟定了十六章的报告“总目录”，但由于战争所带来的不断搬迁和健康恶化，他写完第八章后就停笔了。

多年以后,他当年的同事高去寻（晓梅）后来以他所写的初稿和总目录为基础，花了很大力量编辑、注释、补足图版和插图，完成了这份报告。当它在台湾陆续出版时梁思永已去世多年。

1936 年的两次田野工作

西北岗的发掘工作在 1935 年结束之后，梁思永在 1936 年又进行了两次田野工作。第一次是 1936 年 5 月中旬，他带领刘燿（尹达）和祁延霈两位年青的考古工作者前往山东省日照县的两城镇考察龙山文化遗址，指导和协助他们规划将由他们二位分别主持的发掘工作。

第二次是在 1936 年秋季（9 月 20 日至 12 月 31 日）他又领导了一次安阳小屯遗址的发掘工作。石璋如先生也参加了这次发掘活动的领导，目的是探寻殷商王朝最后一个都城的建筑基础。

在安阳殷墟的发掘工作中，梁思永作为中国第一位专业学习田野考古的学者，在田野发掘制度的建立和挖掘方法的科学化方面发挥了独特的作用，因此他被称为“考古方法改革者”。梁思永还非常注意培养考古人才,努力创造机会让有技术、经验和组织能力，但尚无“职等”的年青考古队员独立主持发掘一些“有希望的遗址”。他对于培养早期的中国考古工作者做出了很大贡献。

抗战时期——在长沙

1937 年 7 月，日本发动了全面侵华战争，中国进入了抗战时期。大批学术机关从被日本占领的城市迁入内地，中研院史语所从南京迁到了湖南长沙。梁思永与他的同事们一起来到了长沙。

在梁思永到达长沙前，他的二哥梁思成、二嫂林徽因（我的父母）已经带领全家（外婆、弟弟和我）离开被日军占领的北平，在大约 9 月份到达长沙。记得我们到达长沙不久以后，就在那里见到了三叔一家三口（梁思永、李福曼和年仅4岁的梁柏有）。那时清华、北大和南开三校在长沙联合组成了“临时大学”（西南联大的前身），新迁此地的教授中许多人都是梁思成、思永兄弟的同学和朋友。

当时我家临时住在火车站附近，只租住了一座二层楼房楼上的两个房间。父亲和三叔与朋友们常在我家聚会，讨论时局的发展趋势。我印象最深的是，他们每次聚会结束相互告别时，总是带着我们小孩子们一起高唱“义勇军进行曲”（现在的国歌）和其他抗战歌曲，态度严肃，情绪激昂。那时正值抗战初期，侵略者气焰极为嚣张，全国民众同仇敌忾，我的父辈在这“中华民族到了最危险的时候”，也发出了“最后的吼声”，表示把强盗们都赶出去的决心。当时我8岁，弟弟从诫5岁，柏有4岁，这歌声说出了我们所有人都想说的话。

1937年11月，我们在长沙遭遇了一次没有空袭警报的轰炸，这是日本飞机第一次空袭长沙，目标是长沙火车站，但未炸中车站，却几乎震垮了车站附近我们临时租住的这个二层小楼。当我们一家五口在玻璃碎片横飞中，从剧烈震动的房子里逃出时，在街上又听到了日本飞机第二次俯冲的声音，所幸这次扔下的炸弹没有爆炸！无独有偶，后来我们才得知，三叔（梁思永）家租住的房屋里也发现了一枚没有爆炸的炸弹。

这次轰炸后不久，我们（梁思成）一家五口人就坐上破旧的公共汽车离开长沙，经湘西和贵州前往昆明；而三叔（梁思永）一家三口则同史语所人员一起，走水路经广西桂林和越南海防前往昆明。由于史语所担负着保护文物（包括殷墟出土文物）的任务，且三叔暂时代理史语所所长一职，他在抗战途中的职责显然更为繁重。

抗战时期——在昆明

我们两家（梁思成、思永兄弟）在昆明再聚会时，已经是1938年了。到达昆明后，我父亲梁思成主持的中国营造学社与三叔所在的史语所建立了比较密切的工作关系。这是因为营造学社常常需要借用史语所的图书资料。

1939年，日本飞机对昆明的轰炸频繁，史语所决定迁往昆明郊区的龙头村，中国营造学社也在同年春夏之交迁往龙头村附近的麦地村，这时我们两家离得更近了。在龙头村，三叔的身体还比较健康，他拼搏奋斗的精神也一如既往，此时他开始着手整理安阳侯家庄西北岗的发掘报告，这是一件相当浩繁的工作。

1939 年，思永叔为当年举行的"太平洋科学会议"撰写了《龙山文化——中国文明的史前期之一》(英文)。中研院本来想请他前往参加这个会议，但因抗日战争正在进行，出国不易，于是改请他写一篇文章寄去。在这篇文章中，他根据在鲁西、豫北、皖南和浙江等众多遗址的发掘，精辟简要地叙述了龙山文化的面貌和特征。

抗战时期，梁思永又开始注意到中国西南地区的考古。1939 年春天，"苍洱考古发掘团"在大理的马龙遗址进行发掘,梁思永作为"古物保管委员会"的"监察委员"前往监察，亲身接触了西南少数民族的文化，并对其产生浓厚的兴趣。后来，他在四川卧病期间，曾阅读了大量相关书籍。

1940 年 5 月，我家从麦地村搬到龙头村新建的夯土墙房子中，离三叔家更近了，两家在生活上几乎成了一家。三婶每隔一两天做了好吃的东西，就叫我和从诫去吃，蹦蹦（柏有小名）几乎每天来玩，她的伯伯（梁思成）爱开玩笑逗她，小蹦蹦时常"上当受骗"引得大家哈哈大笑。有一天妈妈（林徽因）烤了饼，叫从诫去请三叔三婶来吃，吃完点心，三叔的建筑师哥哥给他理发。当这位考古学家围了一块白布坐在小山坡前的院中，"理发师"便当众献艺，但技术实在不够高明,三叔的头发不断地被拉扯,于是他就大叫以示抗议。那是 1939 年 6 月下旬，风和日丽的一天，我便是这场小小喜剧的观众之一。

抗战时期——在李庄

但是，这种相对安定美好的生活很短暂。1939 年秋天，第二次世界大战在欧洲全面爆发，到 1940 年上半年，纳粹德国已经占领了大半个欧洲。1940 年 6 月，法国被占领后，日本正式加入法西斯"轴心国"集团，同年 9 月，日本就占领了法属印度支那半岛（今越南、老挝和柬埔寨）北部地区,企图从西南方向进攻中国。这种局势预示着原来是后方的云南，将面临随时遭到日本袭击的重大威胁。此时，日本飞机对昆明的轰炸也日趋频繁。史语所已将大批珍贵文物运到云南，这时不得不做出决定再迁址四川。

当时决定同史语所一起行动的还有（中研院）社会学所，“中博”（中央博物院筹备处）和中国营造学社，他们将目的地选在靠近宜宾的李庄。

史语所工作人员的家属（包括三婶和柏有）是在 1940 年 11 月 27 日下午离开龙头村的。第二天，营造学社和“中博”的人员和家属也坐卡车离开了龙头村。我们（中国营造学社）在 11 月 29 日离开昆明后，经曲靖、宣威、毕节、赫章和叙永到泸州，从泸州坐轮船到宜宾，再坐小木船到李庄，抵达李庄的时间是 1940 年 12 月 13 日。大约一周以后（12 月 21 日），比我们先期到达的三婶和柏有到上坝村月亮田（中国营造学社所在地）来看望我们。

梁思永一家到达李庄后，曾在李庄镇上的羊街住过一段时间。但史语所的工作地点都设在离镇约四五里地的板栗坳，进入这个山坳要上 555 级台阶。梁思永周一上山，周六下山，每周在家只住两夜一天。他在工作中仍秉持他一贯的奋斗精神，继续撰写侯家庄西北岗的考察报告，想要将报告“一气呵成”。

1941 年 10 月 16 日，他在写给李济的信中说：“西北岗器物之整理，本预订 10 月底完成”，但因他自 9 月 22 日开始“胃病大发四次，几乎不能饮食，完工之期又延迟至 11 月中旬，待器物整理完毕之后，即开始继续报告之编辑”。

坎坷的 1942 年

1942 年，是梁思永因患重病面临生死大关的一年。这一年 2 月，一场重感冒导致结核病菌乘虚入肺，病势异常凶猛。1942 年端午节，思永叔的病情十分危急，医生认为他“随时可能发生意外”，他的二哥梁思成“骇得手足无措”。他的二嫂林徽因此时也已因肺病卧床一年。叔嫂二人病情很相似：高烧 40 度以上持续数周不退。由于当时没有针对肺结核病的特效药，李庄更是缺乏医疗条件，梁思成只能用妻子生病的“经验”来“帮助”他的弟弟。后来，梁思永在妻子李福曼的精心照顾下，度过了生死关，到 1942 年 6 月中，身体开始渐渐恢复。但是此后他就失去了一个健康人的身体，只能在病床上继续他尚未完成的工作。

1942 年，也是全中国军民乃至全世界各国人民反法西斯斗争异常残酷艰苦的一年。在中国西南后方地区，由于物资匮乏、物价猛涨，纸币飞速贬值，人们的日常生活已非常艰苦，“贫病交加”的家庭则更加艰难。后来，史语所为照顾梁思永身体，将其住处从靠近江边，潮冷较重的李庄镇转移到阳光稍好的板栗坳。傅斯年为此同梁思成商量，把病重的梁思永用滑竿抬上山，但不知病人能否承受被抬上 555 级台阶的折腾，为此身患背疾的梁思成还特别坐上滑竿，事先为弟弟体验了一下。

抗战胜利后

抗战胜利后，梁思永在 1945 年到重庆动了一次肺部大手术，想用截取部分肋骨和压缩有病灶肺叶的办法摆脱结核菌。手术后他未同史语所一起回南京，而是在 1946 年回到北平休养，这里更靠近他的母亲和众多兄弟姐妹。

新中国成立后

1949 年，新中国建立之时，我的三叔梁思永的身体健康有所恢复，他对人民政权的建立感到很振奋。

1950 年 8 月，中国社会科学院考古研究所成立，梁思永被任命为副所长。他以病弱之躯接受了这项任务。在考古研究所成立之初，他承担了研究所的具体领导工作，同时筹划考古所未来数年的发展，支撑着在病床上指导田野发掘和学术研究工作，为培养中国新一代考古队员贡献了他的学识和经验。他预见到，这是中国考古事业大发展的时代。

1953 年 9 月，他的体力渐渐不支，在社科院领导一再劝说下，他才同意去长期休养。1954 年 2 月曾入院复查身体一次，但最终还是因为肺、心功能衰竭，在 1954 年 4 月 2 日不幸去世，享年仅 50 岁。

我的三叔梁思永是一位不平凡的考古学家。他把自己 50 年的人生都贡献给了中国的现代考古事业和学术研究工作。在中国现代考古事业的起步阶段，以及新中国文化建设初期，他都发挥了关键而独特的作用。他是一个既志存高远又脚踏实地的爱国者；他也是一个坚强、沉稳和有韧性的学者；更是一个有公心而无私心的学者。他没有辜负他的父亲梁启超对他的期许，他的亲人和后辈都为他感到骄傲。

2014 年是三叔梁思永诞辰 110 周年和逝世 60 周年，我希望以这篇记录他生平的文字来表达我对他的怀念之情。

2013 年 12 月 25 日

历史永远不会忘记他

吴荔明

梁柏有按：当外甥女吴荔明（梁思庄之女）回忆起三舅梁思永来到她家中休养、舅甥相聚的那些日子时，仍然充满着感慨。那时，两代人能有充裕的时间相互沟通，使吴荔明对这位身体极其衰弱的三舅有了进一步的认识，深深感受到他的人格魅力和对青年人的一片爱护之心，二人之间这种无拘束的交谈，使她受益良多。与三舅这样的相聚，在晚辈中，不是每个人都有这样的机遇，吴荔明是唯一一个得此幸运之人，能和她敬爱的三舅在一起达月余之久。下面是她回忆、缅怀三舅梁思永的文字。

每逢我想起三舅梁思永，总会引起我许多美好的回忆。1950 年代初，三舅从考古所朝北的南屋宿舍，搬入所内后花园一座日式建筑中（原哲学家汤用彤先生的住所）。在这期间，妈妈每隔一周的周末，就带我去看望三舅。三舅和妈妈从小一起长大，又同时在国外读书；回国后，妈妈结婚前在三舅家住，三舅妈又是妈妈的表姐，从小也是一起读中学；三舅还是我爸爸的好朋友，他们同岁，在清华学校同年级，又同时在美国读书，就连妈妈爸爸的婚事也是三舅促成的。多种原因使他们这对兄妹格外亲密，当然最主要的是三舅善解人意，能够细心地听别人讲话，他对妈妈的性格、爱好、志趣十分了解，因此可以分享她的快乐，分担她的忧愁。妈妈青年丧夫，三舅对妈妈的不幸给予无限的同情，并用他兄长的爱心抚慰她。他对妈妈的图书馆事业也很理解，无论是工作上或是生活上遇到的问题，妈妈总毫无保留地告诉三舅，不管多麻烦，多苦恼，只要和三舅一谈都能迎刃而解。

1953年，妈妈接三舅到我们家——北京大学中关园96号休养，郊区的空气新鲜，三舅的精神也很好。记得三舅来时随身带来了很多用品，最庞大的是他睡的美国席梦思垫子都运来了，还有他的全套专用餐具：小锅、托盘、盆等。三舅说这是“国王搬家”，妈妈笑嘻嘻地说：“皇帝探亲。”

在这短短的一个多月里，我陪伴三舅时间较多，有一种说不出的、非常深厚的亲情在我的心里升起，三舅是那样地和蔼可亲。他满腹经纶，和他交谈能得到很多知识；他没有一点架子，和他一起觉得心里很轻松；他思维敏捷，分析问题透彻清晰；他对人关心细致，尊重每个人，也爱护晚辈。

三舅那时虚弱得说话都没有底气，但声音虽小，却干脆利落，没有废话。他在我们家时强迫自己每天要起床走动一下，如果是健康的人，这样的活动是轻而易举的，但对三舅来说真如同万里长征。他有一个手杖，扶着慢慢地走，但他喜欢我当他的活拐杖，扶着我的肩膀由我带路。仅仅是从卧室走到院子几米远，对他来说都很费劲。他很幽默，常常在谈话中加几句幽默的话引人发笑，家里若没有别人时，他就叫：“拐杖，来啊！”我就赶紧跑去，慢慢扶他起来，转身让他扶着我的肩膀，我们慢慢地走，他说：“谢谢你替蹦子（柏有表姐）为我服务。”当时柏有表姐上大学住在学校，没有来我家。

柏有表姐小时候三舅总要他背书，尤其是古文，他认为一个人的文学修养很重要，他还主张背英文。有一天，他想起来要我给他背书，也许他是考考我，我立即用四川话背《陋室铭》:“山不在高，有仙则名……”又背《五柳先生传》:“先生不知何许人也……”我飞快地背了下来，见他很高兴地笑了，问我为什么用四川话背？我告诉他我小时候在四川读小学时老师教的，所以不会用北京话背。他要我今后还要背别的诗，越多背越好。他很知道我的底细，就不再要我背别的，也不要我解释了，我也怕他再考下去，因为我只会背几首，对内容了解得也很肤浅。三舅还要我给他背诵莎士比亚的诗，我学都难，怎么背？就给他唱了几首英文歌，他高兴地听着，唱《苹果树》时他还和我一起小声唱，这是他和妈妈在国外唱的一首歌，这样也不使我难堪了。他后来给我背诵了一首莎士比亚的作品，并解释给我听，我现在已想不起来是哪首诗了，但当时他的神态、语气，我还记得很清楚，他说要学习英文就得懂英国文学。我后来就听他的话，在大学期间旁听了北京大学西语系李赋宁教授的英国文学课。到了“文化大革命”时期，我再也没好好学习。每逢我用我这半吊子英文时，就想起三舅那段教诲，没有学好英文真是终生遗憾。

在我的记忆里，三舅一直是躺在病榻上工作的，但在我的心目中三舅是那么健壮，是那么有学问，是那么和蔼可亲，是那么能理解我，我心中的一切自然而然地都要向他倾诉，至今我仍然非常想念他。我认为三舅的一生是成功的，1948年他与二舅思成一起当选为中央研究院院士。他的卓越超人之处，在于他对事业无尽地投入，他有一股强烈的热情从内心喷放出来，似乎永不枯竭，他根本忘记了自己的病痛。他的一生是短暂的，只活了50年，更不幸的是他28岁就开始生病，断断续续在病榻上生活、工作了许多年，对中国的考古事业真是鞠躬尽瘁，奉献出自己的一切。他在考古学上的深厚功底，加上他敏捷的才思和很强的组织能力，使他在病榻上完成了超出常人的工作。他在不断地和病魔做斗争，为中国现代考古学的开拓和新中国的考古事业做出了杰出的贡献。

我常想，如果他有一个健康的身体，准是一位指挥若定的潇洒的大将。三舅是我国第一个受过西洋现代考古学正式训练的学者，还是中国现代考古学和现代考古教育的开拓者之一。

三舅过早地离开人世，他的价值在于他特有的才能、特有的贡献、特有的精神。尽管知道他的人不多，但历史是永远不会忘记他的。

2014年1月1日

生命不息，奋斗不止

——缅怀三伯伯梁思永

梁忆冰

梁柏有按：在田野考古中超负荷的工作量，致使年轻的梁思永被病魔缠身，卧床不起，身体日渐衰弱。但他仍坚持要为他热爱的考古事业义无反顾地继续奋斗下去，大有生命不息，奋斗不止之意。这种奋斗精神，使年过七十仍奋力在工作岗位上的梁忆冰（梁思达之女）感动不已，三伯伯的做事为人已深深印在她的脑海中。梁思永之所以能为中国的考古事业做出重大贡献，与其奋斗精神是分不开的。伯侄两代人从事的专业不同，但令人们心灵震撼的奋斗精神却是相同的。相信在三伯伯奋斗精神感召下，作为侄女的梁忆冰一定会带领年轻一代，更好地完成国家交给他们的任务。

怀着对父辈们的无限崇敬、信仰、思念的心情，我自告奋勇协助蹦蹦姐姐梁柏有，录入她倾全身心之力写下的纪念父亲梁思永的书稿。

许多日子以来，我朝着我的三伯伯梁思永越走越近……尤其是他在离世前的那句刻骨铭心的话——“我不再奋斗了，我奋斗不了了”深深地触动着我。近一年了，三伯伯一生奋力拼搏的身影，不断地出现在我的眼前，使我止不住地流下眼泪，催我也要像他那样不停地奋斗！奋斗！

三伯伯离世时，我才 13 岁半，小时候直面三伯伯的时间也很少很少。抗战胜利后和解放初期，我曾与我的婆王桂荃同住在天津，有时随婆到北京探望三伯伯。因为那时我还小，现已记不清三伯伯曾对我说过的话了，但那时我总是胆怯好奇地远远注视三伯伯的情景却还记得，他半卧、全卧的身姿和他那双炯炯有神的眼睛，还清楚地浮现在我的脑海里。

此前，我对三伯伯的了解，都是从婆给我讲的那些故事里听到的。小时候，婆常常会给我讲起她的孩子们，每次我都会拿着小板凳坐到她的身旁，好奇地、静静地听她讲起伯伯、叔叔、姑姑们的有趣故事。

婆说，三伯伯很聪明，学习也很好。每天孩子们放学回来做功课时，她都会在一旁一边织毛衣一边陪着他们做作业，有时也跟着他们学认字、学算术，婆说她的字都是三伯伯教给她的，她还学会了读书、看报、记账。

她说三伯伯在美国念书时，特别用功，他总是在教室里、在实验室里、在人体骨骼标本室里一待就是一整天一整夜的。有一天，都半夜了，三伯伯还在标本室里一个头盖骨一个头盖骨、一具尸骨一具尸骨地仔细观察、细心辨认、认真记录、不断地比较着。忽然，窗外电闪雷鸣，刮起了大风，闪电把室内挂着的整具人体骨骼的身影，放大地映在了标本室高大的墙壁上。见此影像，三伯伯忽觉一股阴森……但他没有立刻离开，他继续进行着他的学习和研究。

婆还不只一次地提到，三伯伯的身体不好，都是在野外挖古坟，泡在水里，抱死人头骨搞坏的；还说他在河南待了很久，去了好多次，他们要挖好深好深才能找到人骨，那么深肯定有好多水啊！我不知道是三伯伯回来向婆描述的，还是婆听后自己想象的。2010年，我曾去过殷墟一次，果然，发掘文物的探方好深好深。我在坑边站了很久，想起了婆给我说的三伯伯考古工作的故事，想象着三伯伯当年工作的情景。

我记得三伯伯家曾住在一栋日式房子里。每次婆带我到三伯伯家时，总要先去他的房间里打招呼。当三伯母轻轻推开三伯伯的房门时，三伯伯不是躺在床上看书写字，就是躺在床上接待客人。刚打完招呼，婆很快就把我拉了出来，说是三伯伯有事，小孩儿不能打扰！我还算听话，从不敢私自靠近三伯伯的房门，其实我还没看清楚三伯伯在干什么呢，总想再进去看看。有几次，当三伯母给客人送水、给三伯伯送东西时，门半开着，我悄悄跑到门边伸头向内张望，或在远处从半开的门缝好奇地看看三伯伯在干什么呀？我扒在门左边向右，看见三伯伯在和他对面的客人说话；我再轻声换到门右边向左，看到几个人坐在床头两侧，静静地在听三伯伯说话，他们还拿着笔和本记着什么，房间不大，放了不少东西，光线好像不太亮，屋里的气氛很严肃。小孩子哪里懂得大人们在做的事有多重要，后来才知道那是三伯伯带的学生，他在给他们上课吧。

我最后一次见到三伯伯是在嘉兴寺，是人们给三伯伯送行的仪式上，我看见三伯伯静静地睡在那里，周围放满了花圈，很多人都来向他鞠躬，缓缓绕过他的身旁,不住地望着他,不断地向他行注目礼。这是我有生第一次参加对逝者的告别，三伯伯睡在那里的一幕至今难忘。

三伯伯离开我们已经60年了,我从梁柏有的书稿和许多人写的文章里认识到，三伯伯一直都在为他所选定的事业奋斗着!

他选择考古，是因为考古可以用在中国土地上挖掘出来的文物证明中国有几千年的文明史，我们的祖先几千年前就在这块土地上生活了，他要用事实揭穿日本人企图占领中国领土而疯狂叫嚣“满蒙非支那领土”的谎言；他要用自己的研究成果驳斥“中国文化西来说”。

他秉承了父辈的嘱托和中华民族的期望，终生信守承诺而毫不动摇。他牢记公公梁启超在他清华学校24级毕业典礼上“要对社会应尽之责尤不可逭”的嘱托:为社会服务计，为自身生存奋斗计，宜“立志做第一流学问家，毋为半瓶醋”；不忘中国不幸、美国侥幸，美国所得之学问“不能囫囵吞枣，而施之于中国”，学问之应用“不可削趾适履矣”；人格上之修养，应当心、应努力“为苦心奋斗的人格之修养焉”。

三伯伯正是带着“选择了就为之奋斗”的信念，不忘“怎样才能担当得起中国第一位考古专门学者”的重任，走完了自己不平凡的人生。

哈佛标本室里，深夜闪电下人体骨架光影出现时的一刹那感觉，那是什么？——那不是恐惧、那不是怯懦，那是一种挑战，那是一种历练！那是对献身崇高事业决心的一次锤炼!

西阴村史前遗址出土的18728块陶片,被逐个的清理、描述、统计、归类、比较、分析后写出了论文《山西西阴村史前遗址的新石器时代的陶器》，那是什么？——

那不是“囫囵吞枣”，那是勤奋、那是扎实苦干！那是严谨的科学态度和工作作风！

李庄史语所图书馆里三伯伯的订书和借书小纸条、那些被躺在病榻上的三伯伯，仅为他业余计划需要而读完的关于西南民族文化的全部西文书籍，那是什么？——那不是休闲之乐、那不是无事打发时间，那是不停学习和奋力充实自己！那是在为更好地奋斗做准备！

三伯伯学成归国后，立即从北到中、从东到西不停地奔波在野外考古场上，从事着艰难的考古发掘。他从发掘现场的人力部署、文物的记录包装运输、后期的整理研究等每一个环节，都细致入微地进行了思考和安排，组织了几百人井然有序的挖掘工作；他从应用地层学研究中国古代文化史，到提出中国考古学的理论和方法，为中国的考古学发展做出了巨大的贡献。这是什么？——这不是偶然的灵感发现、这不是一时聪明的遐想，这是艰苦的理论学习与反复实践摔打和磨炼的结果！这是重视和坚持宏观研究与微观研究的方法论，是对古代文物与古代社会历史关系的宏观把握！

抗战时期，三伯伯毫不畏惧纷飞的战火，肩负护送宝贵文物的责任，一路克服危难险阻，辗转向后方；解放大军渡长江时，三伯伯就有了如何保存大陆留存的考古事业基础的计划和实际的努力。这是什么？——这不是他全力所能及的事、这不是他多此一举的事，这是他对祖国的无比热爱！这是他对自己献身事业的无限忠诚！

三伯伯曾经写道：“这几年与病菌斗争之后，真有如战后的英伦，虽战胜了敌人，但元气销蚀殆尽，恢复到小康局面，也万分困难。”这是什么？——这不是气馁、这不是放弃斗争，这是三伯伯对自己身体状况的客观分析！这是三伯伯决心“无论如何也要奋斗下去”的深层次表达！事实证明，三伯伯在与病魔的斗争中永远是一位斗士！

三伯伯的奋斗身影仍不断地出现在我的眼前，不时地激励我要像他那样不停地奋斗！我要继续扎扎实实做好每一件我应该做的事，纪念三伯伯诞辰110周年！

2014年1月5日

纪念三叔公梁思永

于葵

梁柏有按：侄外孙女于葵（梁再冰之女）看到三叔公梁思永在美国哈佛学习时用英文书写的学习笔记和一些其他有关的中英文资料，对其严肃认真的学习态度、执着投入的工作作风、卓有成效的考古业绩，赞叹不已。写出了如下的文字。

今年（2014年）正值梁思永先生(我的三叔公)逝世110周年之际，家中长辈们，梁柏有姨（梁思永女儿）和我的母亲梁再冰（梁思成女儿），及其他亲属们为此而撰写文章纪念亲人。我也是奉长辈之命，协助年事已高的母亲和姨工作：柏有姨要我帮忙查看其父梁思永的笔记手稿；母亲需要帮忙录入她撰写的《我的三叔梁思永》文章，这两项工作让我有机会更加接近这位前辈。

此前，我对思永叔公知之甚少，随着阅读的日趋深入，我对这位前辈开始“着迷”。他一生为开拓中国现代考古之路而拼搏，对他了解越多，其魅力越是彰显，我对思永叔公的敬佩与敬爱也与日俱增。

我虽然不曾有幸与思永叔公谋面，在长辈们和业界人士面前也不敢妄称“熟悉”或“懂得”，但因读他的故事而深受感动，忍不住也想借此机会提笔，向这位前辈——我心中的英雄，表达一番晚辈最深切的敬意与怀念之情。

首先，受梁柏有姨的委托，我认真阅读了梁思永的英文手稿笔记。记得刚刚接过手稿时，几乎无法相信这仅仅是两份读书笔记而已。思永叔公的笔记做的提纲挈领，思维缜密，笔迹清晰，绘图精美，外加漂亮的英文手书……从中可以深切感受到这位考古先驱者的探索精神与治学方法。认真学习之后，激动地告知柏有姨："我几乎将此笔记与原书作者手稿混淆，只能初步断定这是思永叔公的学习笔记，该调查报告作者弗拉基米尔·乔基尔森是当年世界著名的人类学与考古学家，上世纪 20 年代美国出版了这两份刊物。我深为如此精湛的读书笔记而折服，亦体会了一番'考古大师应该怎样炼成'的专业态度，思永叔公堪称我们晚辈学习的楷模！"

乔基尔森的这两份有关西伯利亚地区的考古报告，是当时业界最新出炉，代表当时国际先进水平的田野考古调查报告。从思永叔公的笔记可以知晓，当时中国学者紧跟国际最新趋势，当年他们对有关田野考古方法的研究几乎与世界先进水平同步。从中还可以看出，梁思永在哈佛大学学习新知识如饥似渴，哈佛大学的严格训练，作风严谨踏实，为梁思永在考古领域的开拓与创新打下了坚实的基础。

从思永叔公的笔记中，除看其治学严谨之外，亦能感受他那丰富的人文精神和独特的大师气质。他那一辈的精英学者们身处充满动荡苦难的时代，远渡重洋留学读书，带有强烈的忧患意识，怀揣报国救国之心，肩负其社会责任，以天下为己任，希望用生命探索一条国民新生之路。那个动乱不安、浑噩忧患的时代，也是中国充满变革奋争的时代，思想界、学术界新旧学碰撞，中西学接触融汇，人文精神蓬勃向上，大师辈出，精英涌现。他们中的很多人学成归国，开拓创新，成为新兴行业的奠基者或一代宗师。梁思永也是这批大师之中的一员，堪称中国现代考古学的一位奠基人。

在帮着妈妈录入她撰写的《我的三叔梁思永》一文中，我也受益匪浅。每天听一段关于思永叔公考古的故事，从其家学渊源到如何选择考古专业，直至为考古事业拼搏一生。为了写好这篇文章，母亲 84 岁高龄，竟要从头开始学习考古学知识，她称要读懂三叔，首先要读懂考古学，她老人家成了"一口气读懂考古学"的一位特殊学生，每天手不释卷攻读考古论文，一段时间里妈妈似乎"掉进知识海洋"中而不能自拔，虽然疲劳但母亲仍然乐在其中。她称自己与三叔那般亲近，却不甚了解他究竟做了什么，今天能够更多了解三叔的为人与事业，这让她感到兴奋与满足。她同时也在共享自己“外行人”的学习成果，让更多外行人理解梁思永为之奋斗一生的考古事业。

梁思永有一位非常特别的父亲，梁启超。正如梁任公给孩子们信中所言：“你们有我这样一位爹爹也属人生难逢的幸福。”梁任公育人育德，将其自强不息的人生理念深植于每位孩子心中，教导孩子们好奇、求知、向上，与孩子们分享他做学问的乐趣，同时引领孩子们探索各自的求知道路。作为慈父，他在为孩子们遮风避雨的同时，更鼓励他们勇敢地面对人生困苦，鼓励寒士精神；他尊重孩子们自己选择职业，当孩子们感到寂寞彷徨时，他是孩子们倾诉的对象，也是引导他们战胜恐惧、摆脱困扰的智慧先师。同时，这位父亲也是孩子们的“玩伴”，童心未泯的父亲常在信尾说:“不和你们玩了”。不过这位调皮风趣、不知疲倦的父亲，偶尔也会遭到子女的“管教”。听母亲说，梁任公的起居也曾遭遇儿子思永的严格管理，思永要求老爹按其规定的作息时间表起居，如此严格管理重病的爹爹，的确胜过一句句所谓“注意休息”的劝诫，对于因“不自觉”而整日废寝忘食的梁任公极为必要有效。父子二人感情至深，任公信中调侃:“思永外出挖地皮不成功，挂一大堆头衔但不领薪水”，适逢思永生日，父亲说要将思永“提溜回来玩两天”。

梁思永选择考古专业也承载着为父的殷切希望。梁启超对考古事业有着特殊的情怀。梁任公曾计划写一部新型中国通史，不为皇室一家，但要综观社会与百姓，依据系统科学分类之新型史料，只为历史而作历史。但当时中国史前历史几乎一片空白，梁任公修史倍感掣肘，或只能“抱守残缺”。18 世纪意大利庞贝古城的发现，令世界考古学界振奋，它验证了相关史料之谬误。相比之下，民国之初，中国直隶巨鹿县发现宋代古城，梁任公痛惜：“国人保存古物历史遗迹观念甚薄，遗迹日毁”。这座宋代古城“惜国无政而民无学，任由遗迹破坏以尽”，“若得之，最少可以对宋代生活状况得一明确印象”。眼望世界考古学迅猛发展，号称有五千年文明史的中国，任由自己弥足珍贵的古老文物蒙难，或随意弃之荒野，或为牟利倒买倒卖。

当时在中国境内搞考古调研的都是外国人，父亲盼着儿子学成后赶紧归国，全力开拓中国田野考古学这一古老又崭新的学科。他给正在美国学习的思永信中道:“你如何担当得起‘中国第一位考古专门学者’这个名誉,总要非常努力才好。”父亲的紧迫感与殷切希望，父子间共同的兴趣，以及二人针对考古学的深入探讨，深深影响并感召儿子思永做出自己人生的选择。最终，梁思永走出了一条艰苦而非凡的考古之路，成为中国现代考古学一代宗师，然而届时梁任公已无法为儿子举杯同庆了。

梁思永学成归国后不负众望，他参加殷墟发掘并正确划分出“后岗三叠层”，成功地构筑了中国古文明发展史的基本框架，揭开中原史前文化发展顺序之谜；他主笔的一系列考古调研报告成为中国首次出版的大型田野考古报告集，问世之后学术界好评如潮；他当年撰写的论文迄今为止仍然是业界介绍龙山文化的一篇最精辟的论文……梁思永获得的众多耀眼学术成就，并非仅凭一时巧合或某种幸运，而源自他多年积累的知识能量被唤起，得以施展其蕴蓄之才，这种积累与实践构建了他独特的思维体系。

纵观梁思永的思维体系，其家学渊源令他对于人文、历史与国学有着特殊的理解，与父亲梁启超一起深入探讨考古学，对中国古老的金石学也有超常认知。此外，他承袭了为父治学有效的方法论之精髓。到国外后，刻苦钻研现代考古学，力图掌握最新的田野考古方法。同时，哈佛大学训练严谨，学风科学踏实。这一切不懈的努力，逐渐形成了梁思永自有的综合思维体系：系统而科学，观察细致而思维缜密，同时思想活跃具有丰富的人文精神。他堪称是中西合璧、通今博古的学者，中西文化碰撞产生思想火花，超越时空进行地域间及文化深层的比较，让他的着眼点更高、视野更广阔。在研究、判断埋藏在广阔中原地下深层的沙土或陶片时，那些沉睡千年的古老遗物在他眼中随即成为“活”的史料，终令他获得重大学术突破，为中国考古学的研究水平带来了新的飞跃。

今天,人们很喜欢畅谈创新思维,常常追问当年那些大师究竟是怎样炼成的?思永叔公的故事告诉我们，大师们的创新思维，其实来自于平实生活中积累的点点滴滴,靠的是坚实的基础,踏实治学的心态,耐得住寂寞与困苦,决不轻言放弃。同时，也来自于大师人品的厚重。思永叔公在世时，他所做出的突出成就并未给他带来荣华富贵，其后抗战等严峻生活更是夺走了他的健康，唯一夺不走的是他对考古事业的一片赤诚与挚爱。他们这辈人治学不为争夺名士头衔，也不为堆积论文发表数量，更不耻为功名利禄而东抄西挪。梁思永一辈的大师们多不问收获但求耕耘，最终至其学问深厚，学术成就斐然。

从妈妈的文章和其他资料中知晓，梁思永这位考古大师的风采还不仅体现在其令业界震撼的学术成就上，他还是一位将中国田野考古发掘方法推上科学现代化新台阶的行业建设与管理型人物。在备受世人瞩目的殷墟等大型田野考古挖掘项目中，他决策果断，指挥若定，突显其运筹帷幄的将帅之才，而这种才能在学者型人物中实属少见。著名人类学家李济说梁思永主持的西北岗第二次发掘“是最完善的组织工作和最高行政效率的典范”。考古同仁这样描述思永的指挥：“试想一位 30 岁的年轻人（梁思永）指挥这样一个群星荟萃的大型考古项目……工作范围数万平方米，分成五六个区域，四百多个工人和十几个助理员，在他领导下，井然有序，像一部灵活的机器一般。”这种诗画般的描述着实令我感到好奇和神往，这位“全才”的三叔公的确与众不同，堪当考古业界一代宗师之称。面对挑战，他沉着勇敢，有一种“大丈夫”的无畏精神;干活时，他是“拼命三郎”，为其热爱的考古事业豁出一切而在所不惜；田野考古中每一个环节，从对人类活动发展史的深邃思考，到挖掘工地上如何挥锹放镐，处处都有他要做的考古学问，他是一位极其用心观察，眼光敏锐，头脑灵活，创意不断的考古学大师与实践者。难怪业界称他是一位“天才考古学家”。

读他越多，越感觉对他了解得越少，他的为人、精神、学问、家风以及一生拼搏的事业，我想要知道的实在太多了。今天读他的文稿和生平，令我有了不一样的收获，思永叔公不凡的一生给了我们重要的人生启示，今天在纪念他诞辰 110 周年之际，特别提笔向他表达晚辈最衷心的敬爱之情！

2014 年 1 月 1 日

参考书目

1. 梁思永：《梁思永考古论文集》，科学出版社，1959 年。

2. 罗检秋：《新会梁氏：梁启超家族的文化史》，中国人民大学出版社，1999 年。

3. 吴荔明：《梁启超和他的儿女们》，北京大学出版社，2009 年。

4. 李良格、李良筑：《贵阳李氏家谱》（未刊本），2007 年。

5. 岳南：《从蔡元培到胡适：中研院那些人和事》，中华书局，2010 年。

6. 岳南：《1937–1984：梁思成、林徽因和他们那一代文化名人》，海南出版社，2007 年。

7. 岳南：《南渡北归》，湖南文艺出版社，2011 年。

8. 岱峻：《发现李庄》，四川文艺出版社，2009 年。

9. 岱峻：《李济传》，江苏文艺出版社，2009 年。

10. 李光谟：《李济学术文化随笔》，中国青年出版社，2000 年。

11. 夏鼐：《夏鼐日记》，华东师范大学出版社，2011 年。

12. 张泉：《黑暗时代的盗火者——史语所，从大陆到台湾》，载《生活月刊》2012 年 3 月号。

13. 明晓艳：《梁启超家族墓园与石刻》，载《北京文博》1997 年第 1 期。

14. 中国社会科学院考古研究所、黑龙江省文物考古研究所、齐齐哈尔市昂昂溪区人民政府：《昂昂溪考古文集》，科学出版社，2013 年。

后 记

这本书能与读者见面，要特别感谢我的堂妹梁忆冰和兼职秘书敬明秀。梁忆冰一方面督促和鼓励我完成这本书的写作，另一方面在百忙中帮我将书稿制成了电子版。敬明秀帮助我整理、抄写稿件，选择并确定书中使用的照片。还要感谢丈夫陈国美帮助收集资料、扫描照片，表妹吴荔明帮助审稿。年轻的外甥女于葵主动帮助收集有关梁思永考古的中英文资料，将保存了 80 多年的梁思永学习笔记制成电子版，并深情地写了纪念三叔公的文章。中国社会科学院考古研究所研究员安家瑶女士及时提供有关梁思永的书信和资料。没有大家的帮助，患有眼疾、视力极差的我，难以使这些文稿付印。

还要再次感谢梁再冰、吴荔明、梁忆冰、于葵，我的堂表姐妹和外甥女们。在父亲梁思永诞辰 110 周年之际（时为 2014 年），我想请他们追思一下家中的这位长辈。当他们了解到梁思永对中国考古事业做出的贡献后，都激动不已，纷纷提笔作文以纪念之。尽管他们所学专业各异，对中国的考古事业知之甚少，但写出的文章却都令人感动，字里行间使人感受到晚辈们对家族中这位长者的一片怀念和崇敬之情。

这里还要十分感谢我的八叔，中国科学院院士、航天专家梁思礼。应我的请求，为他的三哥梁思永写下这本书的序言。不幸的是，叔叔于 2016 年 4 月 14 日因病突然离我们而去，留给我们的是震惊与难过……更加令人遗憾的是，他终究未能见到其亲笔书写序言的这本关于他三哥生平的书。

梁柏有

2016 年 7 月

梁柏有夫妇在广东江门“院士路”上的梁思永铜像前，缅怀父亲，更是纪念他短暂人生中留下的那些不平凡的事迹，摄于 2008 年夏

图书在版编目（CIP）数据

思文永在——我的父亲考古学家梁思永／梁柏有编著．— 北京：故宫出版社，2016.8

ISBN 978-7-5134-0867-7

Ⅰ.①思… Ⅱ.①梁… Ⅲ.①梁思永（1904-1954）—传记 Ⅳ.①K825.81

中国版本图书馆 CIP 数据核字（2016）第 144220 号

思文永在——我的父亲考古学家梁思永

编　　著：梁柏有

出 版 人：王亚民

责任编辑：王志伟　伍容萱

装帧设计：王　梓　于朝娟

出版发行：故宫出版社

地址：北京市东城区景山前街4号　邮编：100009

电话：010-85007808　010-85007816　传真：010-65129479

网址：www.culturefc.cn　邮箱：ggcb@culturefc.cn

制版印刷：北京方嘉彩色印刷有限责任公司

开　　本：787毫米×1092毫米　1/16

印　　张：15.5

字　　数：250千字

版　　次：2016年8月第1版

2016年8月第1次印刷

印　　数：3000册

书　　号：ISBN 978-7-5134-0867-7

定　　价：66.00元